clave

Brian Tracy es el presidente de Brian Tracy International, una compañía de desarrollo de recursos humanos con sede en Solana Beach, California. Ha escrito 70 libros y desarrollado más de 800 programas de entrenamiento en audio y vídeo. Sus materiales han sido traducidos a 40 idiomas y utilizados en 64 países.

Brian ha sido consultor de más de 1.000 empresas y es uno de los mejores conferenciantes e instructores del mundo. Imparte cursos a más de 250.000 personas cada año sobre temas de liderazgo, estrategia, ventas, desarrollo personal y éxito empresarial. Ha dado más de 5.000 conferencias y seminarios a 5 millones de personas alrededor del mundo, brindando una mezcla única de humor, perspicacia, información e inspiración. Ha publicado, entre otros, *Si lo crees, lo creas*, junto con la psicoterapeuta Christina Stein; *Habla menos, actúa más*; *Conecta con los demás*; *Conecta con el dinero*; *Multiplica tu dinero*; *Emprende tu propio negocio*, y *El plan Fénix*.

Para más información, visita la página web del autor: www.briantracy.com

También puedes seguir a Brian Tracy en sus redes sociales:
🅵 Brian Tracy
❎ @BrianTracy
🅾 @thebriantracy
▶ Brian Tracy

BRIAN TRACY

El plan Fénix

Resurge de las cenizas con las
12 cualidades de las personas exitosas

Traducción de
Renata Ramos

DEBOLS!LLO

Papel certificado por el Forest Stewardship Council®

MIXTO
Papel | Apoyando la
silvicultura responsable
FSC® C117695
www.fsc.org
FSC

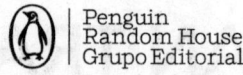

Penguin
Random House
Grupo Editorial

Título original: *The Phoenix Transformation*

Primera edición en Debolsillo: octubre de 2024

© 2021, Brian Tracy
Publicado por acuerdo con Waterside Productions, Inc,
a través de Yañez, parte de International Editors, Co.
© 2023, Penguin Random House Grupo Editorial, S. A. de C. V.
Blvd. Miguel de Cervantes Saavedra, n.º 301, 1er piso, colonia Granada,
alcaldía Miguel Hidalgo, 11520 Ciudad de México
© 2023, 2024, Penguin Random House Grupo Editorial, S. A. U.
Travessera de Gràcia, 47-49. 08021 Barcelona
©2023, Renata Ramos, por la traducción
Diseño de la cubierta: Penguin Random House / Mariana Vega
Imagen de la cubierta: © iStock by Getty Images

Printed in Spain – Impreso en España

ISBN: 978-84-663-5911-5
Depósito legal: B-12.819-2024

Compuesto en M.I. Maquetación, S.L.
Impreso en Black Print CPI Ibérica
Sant Andreu de la Barca (Barcelona)

P 35 9 1 1 A

Índice

Prólogo

El mito del fénix es bien conocido: un ave de color rojo purpúreo, radiante y resplandeciente, que vive varios cientos de años, muere estallando en llamas y luego renace de entre las cenizas e inicia una nueva vida.

No obstante, Ovidio, el gran poeta romano, nos cuenta una historia un poco distinta en sus *Metamorfosis*:

> *Existe un ave primordial a la que los asirios llaman fénix,*
> *que se renueva a sí misma y se reproduce sola.*
> *No vive ni de frutos ni de hierba,*
> *sino de gotas de incienso y de la savia del cardamomo.*
> *Una vez que han transcurrido los quinientos años que dura*
> *su vida, sobre las ramas superiores de una palma oscilante,*
> *con su pico y garras se construye un nido,*
> *que forra con casia y delicados tallos de nardo*
> *trenzados con hojuelas de canela y ambarina mirra.*

*De ahí, del cadáver de su padre, se dice que nace una cría de fénix
destinada a vivir la misma cantidad de años.
Y cuando la edad le otorga al avecilla la fuerza necesaria
para sostener su propio peso,
a las ramas del árbol prominente libera de esa carga,
toma con aire reverente su propia cuna,
que de su padre fue la tumba,
y a través de la luz planea hasta llegar a la ciudad de Hiperión
para depositar su nido frente a las puertas sagradas del altar.*

OVIDIO, *Las metamorfosis*, 15:392-407

El fénix también forma parte de la historia. Tácito, uno de
los más importantes historiadores romanos, afirma que fue visto
en Egipto en el año 34, en tanto que otras fuentes antiguas hacen
referencia al año 36. Debido al largo periodo de vida de esta ave,
se creía que su aparición era símbolo del inicio de una nueva era.

Naturalmente, la gente siempre piensa que la suya es esa
nueva era y, en efecto, todas lo son en el sentido de que cada una
implica situaciones, dificultades y oportunidades inusitadas. La
nuestra no es la excepción.

Un proverbio árabe que se cita con frecuencia reza: «Los hombres se parecen a sus tiempos más que a sus padres». Esto significa que, para sobrevivir y tener expectativas, todos estamos obli-
gados a entender la época en que nos toca vivir y adaptarnos a
ella. Al igual que el fénix, tal vez necesitemos reconstituirnos para
nuestra nueva era.

En 1983 produje un programa de audio llamado *La psicología del logro* (*The Psychology of Achievement*), el cual han escuchado

más de un millón de personas y llegó a ser uno de los programas sobre éxito personal y desempeño más populares de todos los tiempos. Lo han traducido a más de veinte idiomas y les ha cambiado la vida a un sinfín de personas.

La psicología del logro se centraba en lo que llamo «el juego interno del éxito», es decir, cómo organizar tus pensamientos, tus actitudes y tu personalidad; cómo establecer metas; relacionarte con los demás; entenderte a ti mismo o a ti misma, y cómo eliminar tus frenos personales para alcanzar metas extraordinarias.

Las cosas han cambiado de manera espectacular desde 1983. Se inventó internet, sufrimos el colapso de la burbuja puntocom, y atravesamos distintos cambios políticos y periodos de gobierno. En 1983 China era un páramo estéril y ahora es una de las economías más prósperas del mundo.

Hoy en día es habitual oír hablar de la necesidad de «reinventarse», pero eso es algo que tiene que ver con la imagen, es decir, con la necesidad real o imaginaria de parecer que estás a la última en el uso de las tecnologías y los dispositivos más recientes.

En efecto, necesitas reinventarte, pero cambiar tu imagen es solo una parte mínima de la tarea y no es, en absoluto, la más relevante. ¿Quieres resultados mejores y distintos a los que has tenido hasta ahora? Debo decirte que eso exige más que comprarse unas gafas caras de diseño. Al igual que el fénix, tienes que renovarte, restaurarte por completo y salir del «nido» de tu antiguo yo.

En este libro te mostraré cómo hacerlo. He actualizado mi programa *La psicología del logro* para añadir las investigaciones más avanzadas, así como conceptos innovadores y relevantes en el nuevo mundo hiperconectado en el que ahora vivimos y trabajamos. *El plan Fénix* contiene una serie de ideas inspiradoras que he desarrollado para ayudarte a competir en esta nueva sociedad, ideas que podrás usar para lograr más en las semanas, meses y años que tengas por delante, más de lo que has imaginado nunca.

Estableceré doce pasos para un desempeño extraordinario, uno por capítulo. ¿Encontrarás algún secreto en este libro? No, todos son principios bien conocidos. Sin embargo, como muy poca gente los usa, podría parecerte que sí son secretos. De hecho, poquísimas personas los aplican, pero quienes lo hacen tienen algo en común: alcanzan el éxito en todos los ámbitos.

DOCE CUALIDADES DE LAS PERSONAS CON UN ALTO DESEMPEÑO

1. Entienden y usan el poder de su mente.
2. Se centran en lo que quieren para desbloquear su potencial por completo.
3. Usan el optimismo para motivarse y tener un desempeño óptimo.
4. Saben cómo agradar y hacerse respetar.
5. Establecen metas y perseveran hasta alcanzarlas.
6. Organizan su tiempo para ser lo más eficientes posible.
7. Saben cómo generar riqueza para sí mismas.
8. Están en camino hacia la independencia financiera.
9. Conocen las claves del emprendimiento y las aplican.
10. Dominan el arte de la disciplina.
11. Tienen habilidades extraordinarias para resolver problemas.
12. Se centran en lo que les gusta y así simplifican su vida.

1

Cambia tu forma de pensar, cambia tu vida

El primer paso consiste en conseguir acceso a la fuente de poder más extraordinaria que tú o cualquiera podría poseer: la mente.

Yo tuve un comienzo humilde en esta vida, no acabé el instituto, abandoné los estudios en el último curso, y los únicos empleos que podía conseguir eran temporales. El primero fue lavando platos en la cocina de un pequeño hotel, y cuando lo perdí, conseguí uno en una empresa de lavado de coches. Luego también perdí ese empleo y conseguí otro en un servicio de conserjería fregando suelos. Por aquel entonces pensaba que me pasaría la vida fregando, pero, como podrás ver, fue solo una época pasajera.

La «juventud» es un eufemismo de la reubicación profesional no voluntaria, es decir, es cuando tienes la oportunidad de explorar nuevos oficios de manera inesperada. Hoy en día las empresas te despiden con un preaviso de una semana o un mes, por ejemplo. En aquel tiempo el preaviso era «cuando termine la hora» y te despedían a las 11.55 o a las 16.55. Venía el gerente y te miraba con gesto lúgubre: «Aquí tienes tu paga, ya no necesitamos tus servicios. Ahí está la puerta».

Yo iba de un lugar a otro buscando trabajo.

—Estoy buscando empleo —decía.

—No necesitamos a nadie en este momento.

—Ah, pues yo soy un don nadie, justo lo que necesita —contestaba.

Pero, claro, mis bromas no ayudaban mucho a mi avance profesional. Trabajé temporalmente en la construcción, cargando piedras de un lado a otro. Trabajé en aserraderos apilando leños y lijando tablas. Un verano trabajé cavando pozos. Trabajé podando arbustos con una motosierra. Trabajé en una fábrica colocando tuercas y tornillos. También en un barco en el Atlántico Norte. Trabajé en granjas y ranchos. En algún momento incluso viví en mi coche.

Cuando tenía veintitrés años era un jornalero itinerante, iba de finca en finca durante la época de la cosecha, dormía en los graneros. Nos despertábamos a las cinco de la mañana, cuando aún parecía de noche, y desayunaba con la familia del granjero que me había recibido. Teníamos que estar en los campos en cuanto saliera el sol para poder recoger la cosecha antes de la primera helada. Era un joven sin educación ni habilidades, por lo que, al final de la cosecha, me volvía a quedar sin empleo.

LA LEY DE CAUSA Y EFECTO

Cuando ya no pude conseguir trabajo como jornalero, tomé uno de vendedor. Me dieron un curso de formación en tres partes:

«Aquí tienes tus tarjetas. Estos son tus folletos. Ahí está la puerta», dijeron. Entonces salí a tocar puertas, hacer llamadas telefónicas y realizar actividades con las que no lograba nada y, claro, me sentí frustrado durante mucho tiempo.

Seis meses después noté que un empleado de nuestra empresa vendía diez veces más que cualquier otro, así que fui a su oficina: «¿Qué haces tú que no esté haciendo yo?», le pregunté. Me dio la respuesta, seguí sus consejos y mi vida cambió.

A partir de ese día empecé a preguntarme por qué algunas personas tenían más éxito que otras. ¿Por qué su vida era mejor, residían en casas hermosas, comían en restaurantes caros y disfrutaban de vacaciones maravillosas? No obstante, la mayoría de la gente, el 80 %, afirma llevar una vida de «desesperación silenciosa» porque siente que podría irle mucho mejor, pero no sabe qué hacer para lograrlo.

Con el tiempo encontré la respuesta y apliqué las reglas clave en mi vida.

Descubrí la ley de causa y efecto que, en el ámbito de las ventas, es muy sencilla: si haces lo mismo que los vendedores exitosos, obtendrás los mismos resultados.

El filósofo Aristóteles ya habló de esta regla alrededor del año 350 a.C., cuando todos creían en los dioses, la suerte y la fortuna. Aristóteles dijo: «No, no. Hay una razón para todo. Todo sucede por algo, sepamos o no la razón. A nuestro universo lo rige una ley».

Cuando empecé a estudiar este principio descubrí algo incluso más profundo: los pensamientos son causas y las condiciones son efectos. Es decir, tus pensamientos crean las condiciones de tu vida.

Este es el principio básico que todos los grandes hombres y mujeres descubren con el tiempo: si cambias tu manera de pensar, cambiarás tu vida. Si modificas la causa, cambias el efecto: las cosas solo pueden suceder así. La calidad de tu pensamiento determina, más que cualquier otro factor, la calidad de tu vida. De hecho, la mayor parte del tiempo te conviertes en aquello en lo que piensas, así que, si varías tu manera de pensar, verás cambios en tu vida.

La Universidad de Pensilvania realizó un estudio que duró veintidós años. En él participaron 350.000 hombres y mujeres de negocios, vendedores, empresarios y profesionales. Les preguntaron: «¿En qué piensa la mayor parte del tiempo?», y las personas pertenecientes al tramo del 10 % superior en términos de ingresos y crecimiento económico dijeron que pensaban en lo que querían y en la manera de obtenerlo. Es decir, pensaban adónde se dirigían y cómo llegar.

¿Sabes en qué piensan la mayoría del tiempo quienes no tienen éxito? En lo que no quieren, en las cosas que les inquietan, en los sucesos del pasado que todavía los hacen sentirse descontentos y enfadados. Piensan en especial en a quién culpar de su situación.

La gente que está en la cima piensa en lo que quiere y en cómo obtenerlo; la gente promedio piensa en lo que no quiere y en a quién culpar.

Esta reflexión te permite cambiar el enfoque, iluminar un lugar nuevo. Cuando modificas tu foco mental e iluminas lo que deseas y la manera de conseguirlo, tu vida empieza a mejorar. Comienzas a escrutar tu pensamiento y a aceptar el hecho de que eres una persona notable, que posees gran potencial y habilidades increíbles, que eres capaz de lograr cualquier cosa que quieras en la vida.

En mis viajes suelo conocer a personas muy exitosas a las que me gusta preguntarles: «¿Cómo fue tu infancia?». En general me hablan de su madre o su padre, o de ambos, y me cuentan que siempre les dijeron: «Hijo, hija, tú puedes lograr cualquier cosa que te propongas». Esta frase continuó vibrando en esas jóvenes mentes y, cuando se hicieron mayores, se convirtió en un mantra: «Puedo lograr cualquier cosa que me proponga».

Es lo mismo que tú debes repetirte: «Puedo hacer cualquier cosa que me proponga, cualquier cosa en la que fije mi mente. Mi potencial es ilimitado».

Ahora bien, lo que define aquello en lo que piensas la mayor parte del tiempo es tu concepto de ti mismo. El descubrimiento del **autoconcepto** fue un gran logro del siglo xx. Tu autoconcepto es la serie de creencias que tienes sobre ti mismo, tus capacidades y tu mundo, es lo que define cómo ves el universo que te rodea. En pocas palabras, no vemos el mundo como es, sino como somos: vemos el mundo a través de nuestro autoconcepto.

EL AUTOCONCEPTO

Tu autoconcepto se divide en tres partes. La primera es el **ideal de uno mismo**: la combinación de valores, ideales, cualidades, virtudes y metas a los que aspiras. Lo que deseas ser, tener o lograr en el curso de tu vida. Dicho de otra forma, es cómo te imaginas siendo una persona perfecta: la mejor versión de ti mismo con las mejores cualidades, viviendo la vida y haciendo y teniendo las cosas que más valoras. Es el ideal de ti mismo. Cuanta más claridad tengas respecto a tus ideas, más sencillo te será tomar las mejores decisiones a corto plazo para llegar a ser el tipo de persona que quieres ser a largo plazo.

Las personas superiores, es decir, los hombres y las mujeres a los que admiramos y que son como deseamos ser, tienen una idea muy clara de sus ideales. La gente mediocre e infeliz lo ve todo borroso. La gente superior no pone en entredicho sus valores ni sus ideales por ninguna razón; la gente promedio transige en cuanto detecta la menor ventaja o ganancia a corto plazo. El punto de inicio para alcanzar el éxito y dar forma a tu autoconcepto, de modo que sea congruente con tu mejor versión posible, consiste en tener claro quién eres, en qué crees, qué te importa de verdad y qué representas.

La segunda parte de tu autoconcepto es tu **autoimagen**. Es la manera en que te ves a ti mismo, en que piensas sobre ti en el presente. Tu autoimagen determina en gran medida tu desempeño y eficacia en una actividad o tarea específicas. Cuando modificas cómo te ves, también modificas el desempeño y la eficacia. La persona que ves es la persona que serás.

A veces los psicólogos llaman a la autoimagen **espejo interior**. Un espejo en el que te miras antes de involucrarte en una situación social para ver qué comportamiento se espera de ti. Cuando tienes una idea clara de ti mismo desempeñándote de la mejor manera, entras en el lugar, estás relajado, sonríes y muestras confianza, ¡sorpresa, sorpresa!, tu imagen interior se convierte en tu realidad exterior.

Ahora te hablaré de un interesante hallazgo sobre el desarrollo de la autoimagen: antes de participar en una situación, todos nos creamos una imagen en nuestra mente. La gente exitosa reproduce la imagen de un éxito previo; la gente mediocre reproduce la imagen de un fracaso previo. Tu inconsciente no sabe si estás teniendo una experiencia real o si solo se trata de un ejercicio imaginario. Si tienes una experiencia positiva en algún ámbito y la reproduces en tu mente una y otra vez como si fuera una película, cada vez que la vea tu inconsciente la registrará como una nueva experiencia de éxito. Con el tiempo, cuando participes en una situación, tu inconsciente dirá: «Vaya, reconozco este lugar, ya has estado aquí. Aquí tienes éxito, lo he visto cincuenta veces». Y entonces entrarás en ese lugar con una imponente actitud de confianza, elegancia y sosiego.

Siempre puedes elegir los pensamientos y las imágenes que reproduces en tu mente. Antes de cualquier evento, elige pensar en tus mejores experiencias.

La tercera parte de tu autoconcepto es la **autoestima**. Es el centro. A tu autoestima la define cuánto te gustas a ti mismo. Es el poder de tu personalidad, la fuente de tu energía, entusiasmo, actitud y felicidad.

Cada vez que te comportas de una manera más cercana al ideal que tienes de ti mismo, tu autoestima aumenta. En otras palabras, cuando te comportas como la mejor versión de ti, te gustas más. Cuando te gustas más, tu autoestima crece, tu personalidad mejora, te sientes más contento, tienes más entusiasmo y la simpatía de los demás hacia ti crece.

Cuando te fijas objetivos más claros y empiezas a trabajar todos los días para cumplirlos, te gustas y te respetas más. Tu noción de mérito y de valor económico personal aumenta, los sentimientos de respeto por ti mismo y tu orgullo mejoran. El mero acto de fijarte metas hace que te gustes más y que te veas bajo un aura más positiva.

Todo se resume en tener una mejor opinión de ti mismo, en sentirte más cómodo y en rendir mejor en todas las áreas de tu vida. Tus premisas básicas determinan el curso de tu vida. Cada persona tiene ideas específicas sobre sí misma, y estas definen la manera en que la gente se ve, así como su relación con el mundo.

MODIFICA TU ESTILO DE EXPLICACIÓN

Por desgracia, la premisa más común y, quizá la peor, es: «No soy suficientemente bueno». Esto es producto de sentimientos de incompetencia que se producen cuando nos comparamos con otros de manera desfavorable. Sentir que no somos aptos es lo que provoca nuestros problemas e infelicidad.

El psicoanalista Alfred Adler llegó a la conclusión de que todos tenemos sentimientos de inferioridad. No hablo de un complejo de inferioridad, ya que los complejos son impenetrables e inamovibles, como tinta en una hoja de papel blanca. El sentimiento de inferioridad, en cambio, es algo que puede modificarse y reemplazarse.

La gente se siente inferior a otros de alguna manera, pero el problema es que con frecuencia esto afecta su desempeño en varios sentidos, incluso aunque sus sentimientos no se basen en hechos. La clave para cambiar tu vida y mejorar tu mundo exterior radica en que reprogrames tu subconsciente y modifiques tu mundo interior.

Las emociones negativas son el mayor obstáculo para tener un desempeño óptimo, felicidad, salud y todo lo que deseas lograr, ya que lo que las sustenta son el miedo y la duda. Las críticas destructivas de uno o ambos padres en la infancia son lo que suele desencadenar estas emociones. De hecho, casi siempre es posible constatar que la disfuncionalidad de un adulto es producto de una infancia disfuncional, de un momento en que los padres criticaron al niño y lo castigaron de forma física o emocional.

Los dos patrones de hábitos negativos que le impiden a la gente avanzar son el miedo al fracaso y el miedo al rechazo o la crítica. Poner pretextos y culpar a otros es la raíz de la mayor parte de las emociones negativas. Para evitar esto, hay que provocarles un cortocircuito a estas emociones y asumir el control de nuestra autoestima, lo cual se logra aceptando, de forma absoluta, la responsabilidad de quiénes somos y de todo lo que podemos conseguir.

El primer paso para transformar el pensamiento consiste en cambiar nuestro estilo de explicación, es decir, la manera en que interpretamos nuestra experiencia y nos la explicamos a nosotros mismos. Por ejemplo, dos personas podrían ir a la oficina en coche, y ambas podrían quedarse atascadas en un embotellamiento. Una de ellas podría enojarse, sentirse frustrada y empezar a golpear el volante. La otra podría decir: «Esta es una oportunidad para reflexionar, escuchar un programa educativo en audio y ponerme al día». Dos personas, misma situación, pero dos estilos de explicación distintos. Cuando te empiezas a explicar las cosas de manera positiva, también te sientes positivo respecto a ellas.

Nunca es tarde para tener una infancia feliz. Con esto quiero decir que la negatividad que la mayoría de las personas expresa al referirse a su infancia se queda estancada en la manera en que la interpretan. Imagina que tu infancia tuvo como objetivo enseñarte lecciones de valor incalculable que necesitabas recibir para poder tener éxito y ser feliz, y disfrutar de una familia maravillosa cuando crecieras. En ese caso podrías echar la vista atrás y decir: «Vaya, tuve suerte de que se presentaran todos esos hechos negativos, porque me ayudaron a reflexionar y a ser mejor persona con mi familia y en mi vida adulta en general». Puedes reinterpretar tu infancia y transformarla en una etapa gozosa, basta con que decidas la manera en que pensarás en ella. Siempre tienes la libertad de elegir.

RETROALIMENTACIÓN, NO FRACASO

En la vida no existe el fracaso, solo la retroalimentación. Recuerda que todo te sucede por una razón. Si se presenta un obstáculo, considéralo retroalimentación, es decir, la vida trata de darte información que te ayudará a corregirte, aprender lecciones y avanzar de una manera más rápida y exitosa la próxima vez. Si empiezas a ver tus experiencias negativas como una especie de retroalimentación que te ayudará a ser mejor en el futuro, te convertirás en una persona más positiva y eficiente.

Cambiar tu mentalidad y tu vida será el punto de inicio de grandes sueños.

Permíteme hacerte unas preguntas: Si supieras que no hay manera de fallar, ¿qué gran objetivo te atreverías a soñar? Si tuvieras una varita mágica y la seguridad de que puedes alcanzar cualquier meta, a corto o largo plazo, modesta o ambiciosa, ¿cuál te fijarías? La respuesta a esta pregunta suele indicarte para qué viniste a esta tierra, y a menudo también te dice cuál es tu propósito definitivo.

La segunda pregunta: Si no tuvieras ningún tipo de limitación, ¿qué objetivos te fijarías? Ya he hablado antes de las premisas básicas. Algunas personas parten de la premisa de que son limitadas: no son creativas, no tienen preparación académica ni un coeficiente intelectual tan elevado como otros. Pero ¿qué pasaría si tuvieras toda la inteligencia, habilidad, ingenio, dinero, amigos y contactos del mundo, y si pudieras hacer o ser cualquier cosa? ¿Qué metas te fijarías? ¿Qué harías de manera distinta?

Esta es la tercera pregunta: Si gozaras de independencia económica en la actualidad y pudieras hacer o tener cualquier cosa que desearas, ¿qué cambios efectuarías de inmediato? Digamos que ganas la lotería y de repente te haces megarrico, ¿qué cambios inmediatos implementarías en tu vida? Empieza a pensar en ellos ahora porque son la clave para superar los obstáculos que se interponen entre tú y el éxito, y son lo que explica qué viniste a hacer a este mundo.

No importa cuáles sean tus respuestas: escríbelas, determina qué precio tendrás que pagar para alcanzar esta situación y ponte a pagarlo de inmediato. En una ocasión le preguntaron a H. L. Hunt, el famoso multimillonario del ámbito petrolero: «¿Cuál es la clave del éxito?», y contestó: «La clave del éxito es, en primer lugar, saber con exactitud qué deseas. En segundo lugar, definir cuál sería el precio para obtenerlo. Y, en tercer lugar, decidirse a pagarlo. El éxito es muy simple, llega en cuanto pagas el precio. Primero haces lo que tienes que hacer y luego ves los resultados, no al revés».

Mucha gente piensa: «En cuanto tenga lo que deseo, pagaré el precio», sin embargo, tal y como lo expresó el pionero de la literatura motivacional Earl Nightingale, esto es como decirle a la estufa: «En cuanto me des calor, pondré leños a arder». Las cosas no funcionan así.

Y hablando de lo que cuesta, ¿sabes cómo puedes saber qué parte del precio del éxito has pagado ya? Es sencillo: echa un vistazo a las condiciones en que se encuentra tu vida. Debido a la ley de causa y efecto, todo lo que inviertas te será devuelto. Cualquier logro que coseches hoy es resultado de lo que sembraste en el pasado.

DECIDE SER RICO

Tú tienes control absoluto sobre lo que plantes en el presente, así que, si deseas algo distinto para el futuro, tendrás que plantar algo distinto hoy. Decide hacerte rico. La gente se hace rica porque lo decide. Quienes nunca decidieron ser ricos viven preocupados por el dinero toda la vida.

Cada vez que hablo de la riqueza con el público de mis conferencias, la gente se ofende un poco.

—Eres pobre porque decidiste serlo. La gente rica decidió ser rica, así que, si quieres alcanzar la independencia financiera, decide que lo lograrás —les explico.

—Ya lo hice —responden muchos.

—No, no has tomado la decisión. Lo que hiciste fue desear, anhelar, rezar y leer libros que decían que podrías hacerte rico sin trabajar, pero nunca has tomado la tajante decisión de hacerte rico o alcanzar la libertad financiera; una vez que uno hace eso, cambia para siempre la dirección de su vida.

La mayoría de los millonarios y los multimillonarios de la actualidad son ejemplos de riqueza de primera generación, es decir, empezaron con las manos vacías, pero se concentraron en los pensamientos correctos y actuaron de la manera adecuada, y así lograron cruzar la barrera del millón de dólares o de los mil millones de dólares dentro del periodo que ha comprendido su vida laboral.

Fíjate el objetivo de llegar a tener un valor neto de un millón de dólares en los próximos diez o veinte años. Escríbelo, establece una línea temporal que muestre cuánto tendrías que conseguir por año para cumplir tu meta.

En cuanto hayas decidido que deseas valer un millón de dólares, realiza un análisis financiero simple de tu valor actual para que sepas con exactitud dónde vas a empezar. ¿Cuánto vales hoy? Luego haz una lista de veinte caminos diferentes que podrías tomar de inmediato para avanzar hacia la independencia económica. Cuando tengas la lista, elige un camino y empieza a actuar en ese mismo instante.

Tengo un amigo inglés llamado Peter Thompson que enseña un ejercicio muy eficaz: «Imagina que has llegado a tu fecha límite y tu valor neto asciende a un millón de dólares. Coge una hoja de papel y escribe en la parte superior "Hoy valgo un millón de dólares porque…", y escribe veinte cosas que hayas podido hacer para llegar a esa situación».

A esto se le llama «pensamiento de regreso al futuro». Este ejercicio te permite pensar en todo lo que habrías podido hacer para obtener un millón de dólares, es decir, te permite tener reflexiones e ideas que no se presentarían de ninguna otra manera.

Lee libros como *El millonario de la puerta de al lado* y *Los secretos de la mente millonaria*. Aprende todo lo que puedas respecto a cómo piensan los millonarios, cómo deciden y actúan. Imagina que ya eres uno de ellos y compórtate de acuerdo con ese estatus.

COMPROMÉTETE CON LA EXCELENCIA

Otra de las claves para tener una vida maravillosa es comprometerse con la excelencia. Todas las personas que han tenido un gran éxito en la vida, tanto en el aspecto financiero como personal, se tomaron el tiempo necesario y pagaron un precio para ser excelentes en su campo de trabajo. De acuerdo con investigaciones realizadas durante varias décadas, se requieren entre cinco y siete años para dominar un área. No importa si eres cirujano o mecánico de vehículos con motor diésel. Ah, por cierto, necesitas la misma cantidad de tiempo para llegar a ser un vendedor excelente. Por desgracia, mucha gente tiene una actitud equivocada respecto a sus finanzas y cree que se hará rica de inmediato. Es gente que siempre está buscando maneras rápidas y sencillas, o atajos en el proceso de adquisición de riqueza, pero debes saber que ningún método apresurado funciona a largo plazo.

Pregúntate esto con frecuencia: si la desarrollara a un nivel de excelencia, ¿qué habilidad me ayudaría más a alcanzar mis objetivos financieros? ¿Qué habilidad me ayudaría más en mi carrera? ¿Cuál me serviría para hacer realidad mis sueños?

Con independencia de cuál sea tu respuesta, fíjate la meta de alcanzar la excelencia en esa habilidad. Escríbela, haz un plan y empieza a trabajar todos los días con ese propósito hasta lograrlo.

A veces la gente se me acerca y me dice que entre cinco y siete años es demasiado tiempo para dominar una habilidad en su área de trabajo, pero te diré algo incuestionable: el tiempo pasará de todas formas. Al cabo de cinco o siete años, serás cinco o siete años más viejo. ¿Dónde estarás entonces? ¿En la cima de tu área de trabajo aún pasándolas canutas, sentado en la zona de los asientos baratos, al lado de la gente común que nunca ha realizado un esfuerzo adicional para mejorar? Recuerda que toda la gente que se encuentra en el 10 % de la zona superior empezó en el 10 % de la zona inferior.

Para mantenerte en forma en el aspecto mental, alimenta tu cerebro con materiales positivos de manera constante. De la misma forma en que somos lo que comemos, también somos lo que pensamos, aquello con lo que llenamos nuestra mente. Todos los días lee material educativo, espiritual o motivacional, entre treinta y sesenta minutos. En lugar de leer las golosinas que ofrecen los periódicos y la televisión, empieza tu día de la manera correcta: con la proteína mental que proveen las lecturas de alto nivel nutricional. Si lees entre media y una hora diaria algo sobre tu campo laboral, estarás leyendo un libro por semana, lo cual asciende a cincuenta libros al año. Si lees cincuenta libros al año, obtendrás el equivalente a un doctorado práctico al año. En solo dos o tres años, el simple hecho de leer una hora diaria te convertirá en una de las personas mejor formadas y mejor pagadas de tu área.

Cada vez que te desplaces de un lugar a otro en coche, en lugar de música o cualquier otra cosa, escucha programas educativos de radio. Si utilizas el coche para el trabajo, seguramente pases entre quinientas y mil horas al año conduciendo, es decir, unos tres meses con semanas de cuarenta horas. Esto equivale a uno o dos semestres completos de cursos universitarios. Escuchando programas educativos en el coche, puedes llegar a sumar el equivalente a la asistencia requerida para estudios universitarios de aprendizaje autónomo a jornada completa. Si transformas tu tiempo de viaje en tiempo de aprendizaje, y el coche en una universidad sobre ruedas, puedes llegar a ser una de las personas más inteligentes y expertas de tu área. Escucha todos los cursos y seminarios que puedas.

ELIGE A LA GENTE CORRECTA

Vincúlate con otras personas positivas e interesadas en el éxito. Convive con los ganadores y deja de perder el tiempo con gente que no va a ningún lado en la vida.

Para alcanzar el éxito, en lo primero que debes pensar es en la gente. Sé selectivo con las personas a las que les permites entrar en tu círculo personal. Es probable que las personas con las que elijas asociarte tengan un impacto mucho mayor en tu vida y tu éxito que cualquier otro factor.

Forma un grupo maestro de entre tres y cinco personas que sean positivas y tengan ambiciones y metas. Organízate para quedar por lo menos una vez a la semana para desayunar o comer con tu grupo. Hablad sobre lo que estéis haciendo y sobre las mejores ideas que hayáis tenido esa semana. Compartid libros y artículos, ayudaos y animaos entre vosotros para alcanzar aún más metas. Napoleon Hill, autor del clásico de la literatura motivacional *Piense y hágase rico*, investigó a cientos de personas adineradas, y descubrió que no empezaron a desarrollar su potencial total, sino hasta que formaron un grupo maestro y se reunieron de manera regular con otras personas de mentalidad positiva, optimista y creativa.

Cada vez que pases tiempo con alguien positivo recibirás ideas, reflexiones e inspiración que te servirán para ser una persona más feliz y exitosa. Una asociación positiva entre dos personas, un hombre y una mujer, puede constituir uno de los grupos maestros con más fuerza y capacidad de alcanzar el éxito.

LAS SIETE ORIENTACIONES

1. Orientación al futuro
2. Orientación a objetivos
3. Orientación a la excelencia
4. Orientación a los resultados
5. Orientación a las soluciones
6. Orientación al crecimiento
7. Orientación a la acción

LAS SIETE ORIENTACIONES

Hay siete maneras de pensar. Las llamamos «orientaciones» y las practican las personas más felices y exitosas para cambiar su vida. Podemos definir una orientación como una tendencia general de pensamiento, es decir, aunque te desvíes con cierta regularidad, siempre regresas a ese tipo de pensamiento. Las personas que se encuentran en el 10 % de la sección superior de cualquier campo o sector practican estas orientaciones.

La primera es la **orientación al futuro**. Sirve para desarrollar una visión clara, positiva y emocionante de lo que vendrá, una fantasía de cinco años con información precisa sobre cómo quieres que sea tu vida en adelante. Esta visión futura actúa como una poderosa fuerza motivacional que te ayuda a mantener una actitud positiva y un pensamiento de avance o progreso. Los líderes tienen una visión, los demás no. Cuando desarrollas una perspectiva emocionante para tu futuro, te conviertes en el líder de tu propia vida.

La segunda es la **orientación a los objetivos**. Para orientarte hacia los objetivos debes hacer una lista de diez que te gustaría lograr al año siguiente. Selecciona tu objetivo más importante, haz un plan para cumplirlo y luego dedícate a trabajar en ello todos los días hasta lograrlo. Este ejercicio te cambiará la vida. Más adelante hablaré de él con mayor detalle.

La tercera es la **orientación a la excelencia**. Hoy mismo decide ser el mejor en tu área. Únete al 10 %. Elige la habilidad que te ayudará más que cualquier otra, y comprométete con el plan de ser el mejor en tu área. Mejora en tus habilidades de manera gradual, una sola a la vez.

La cuarta es la **orientación a los resultados**. A fin de cuentas, solo te pagan por los resultados que produzcas para otras personas. Planifica cada día con una lista y organízala por prioridades. Encuentra siempre la manera de aprovechar el tiempo al máximo. Pregúntate: «¿Qué es eso que solo puedo hacer yo y que marcará una verdadera diferencia en mi vida?», y trabaja en ello con una concentración absoluta.

La quinta es la **orientación a las soluciones**. La vida es una serie de problemas, dificultades, desafíos, infortunios, obstáculos y fracasos temporales, sin embargo, la manera en que respondas a los altibajos determinará en gran medida tu éxito y tu felicidad. Céntrate siempre en las soluciones, no en los problemas. Cuanto más pienses y hables sobre ellas, más estarás orientado a encontrarlas. De pronto empezarán a aparecer las soluciones a las dificultades que se presenten en el camino para llegar a tu objetivo.

La sexta es la **orientación al crecimiento**. Dedícate a aprender de manera permanente. Para ganar más, debes aprender más, así que cada año invierte en tu mente como mínimo tanto como inviertes en tu vehículo. Gastar en tu mejoramiento personal y en tus conocimientos sobre tu campo de trabajo la misma cantidad que inviertes en el mantenimiento de tu coche te hará rico, feliz y exitoso.

La séptima orientación es la clave de todo. Se trata de la **orientación a la acción**. La acción es la panacea. Necesitas generar una sensación de urgencia, actuar rápido cuando surjan las oportunidades y los problemas. Desarrolla un sesgo que te inste a actuar todo el tiempo y mantente en movimiento constante hacia tus metas. No dejes de repetirte lo siguiente: «Hazlo ahora. Hazlo ahora. Hazlo ahora».

Eres un genio en potencia, tienes el deber de liberar tus poderes mentales, y eso se logra pensando y hablando de manera continua sobre lo que deseas y sobre el lugar adonde te diriges. Por favor, niégate a pensar o hablar de cosas que te hagan sentir desdichado, de problemas o dificultades. Desarrolla el hábito de centrarte con atención absoluta en tus objetivos, tareas y actividades más importantes. Piensa y habla en términos de soluciones y oportunidades, y, sobre todo, actúa de manera constante para dirigirte a lo que realmente anhelas en la vida, todo el día, todos los días.

2

Libera tu potencial

En tu interior hay un potencial mayor del que podrías aprovechar en cien vidas, y cuanto más lo uses, más disponible estará para ti. Créeme que no tendrás idea de lo que eres capaz de lograr hasta que no empieces a crecer. Tal vez la responsabilidad más importante que tienes en la vida, para contigo y los demás, sea la de aprovechar al máximo tu potencial para alcanzar la felicidad, el éxito y tus metas.

En este capítulo compartiré contigo algunas de las mejores ideas que aplican las personas más felices y exitosas del mundo para aprovechar su potencial al máximo.

Este es el mejor momento de la historia de la humanidad para estar vivo. Independientemente de los altibajos a corto plazo que se presentan en la economía y la política, en este maravilloso instante de la historia tienes la capacidad de hacer y tener más que nunca.

TRES EJERCICIOS

A continuación te enseñaré tres ejercicios breves. Número uno: imagina que en los años por venir tendrás la capacidad de duplicar o triplicar tus ingresos, incluso de hacerlos crecer diez veces.

En ocasiones, cuando hablo con el público, explico:

—A todos los presentes les preocupa el dinero, pero imaginad que tengo una varita mágica y puedo duplicar los ingresos de todos. ¿Creéis que eso resolvería vuestras dificultades financieras?

—Sí, sí —contesta la gente.

—¿Y qué diríais si pudiera triplicar vuestros ingresos?

—Sí, resolverías nuestros problemas.

—¿Qué tal si pudiera quintuplicar o hacer crecer vuestros ingresos diez veces?

—Sí, sí, sí —insisten.

—Ahora permitidme haceros una pregunta: ¿cuántos de vosotros habéis logrado duplicar vuestros ingresos desde vuestro primer empleo hasta el día de hoy?

Entonces todos levantan la mano en la sala. Si les pregunto quién ha triplicado sus ingresos, veo que el 80 % levanta la mano. De hecho, hay muchas manos levantadas cuando les pregunto si ya han quintuplicado o logrado hacer crecer sus ingresos diez veces.

Lo que quiero decir con esto es que ya lo has hecho, y si ya lo has hecho, sabes cómo volver a hacerlo.

Este es el segundo ejercicio: imagina que tienes una salud perfecta y que estás en forma en todos los sentidos. Imagina que puedes agitar una varita mágica y estar de pronto en gran forma y saludable en todo. ¿Cómo te verías? ¿Cómo te sentirías?

El tercer ejercicio me parece el más importante. Imagina que tienes relaciones personales inmaculadas y una familia maravillosa en todos sentidos, que tu vida desborda de amor, armonía, gozo, paz y risas. ¿Sería un escenario muy distinto al actual?

Einstein dijo: «La imaginación es más importante que los hechos», y el orador motivacional Denis Waitley afirmó: «Tu imaginación es solo un avance de las cosas atractivas que te depara la vida». Cuanto más emocionante sea lo que imagines, más aumentará tu autoestima. Cuanto mejor sea la imagen que tengas de ti mismo, mejor será tu ideal de ti como persona, y más confiado y positivo te sentirás.

Practica la técnica de la varita mágica en todas las áreas de tu vida. Imagina que tienes acceso a uno de estos instrumentos mágicos y que puedes pedir tres deseos para cada una de las siguientes áreas: ingresos, salud y relaciones. ¿Qué desearías? Todo éxito en la vida comienza por una visión emocionante de lo que es posible para ti, pero para generar esa visión debes liberar el poder de tu imaginación.

«ME GUSTO A MÍ MISMO»

Como ya he comentado, el mayor logro en el desarrollo del potencial humano es el descubrimiento del autoconcepto.

El concepto que tengas de ti mismo antecede y predice el nivel de eficacia que tendrás en todo lo que realices. Este concepto define tu desempeño exterior. Todo mejoramiento en tu vida empieza por un mejoramiento del concepto que tengas de ti, de tu opinión de ti mismo como persona.

El autoconcepto es una especie de paquete de creencias, de todas las que has tenido sobre ti desde la infancia. Claro, este paquete es sumamente subjetivo porque no se trata de hechos, sino de información sobre ti y tus habilidades que has asimilado y aceptado como verdadera.

Tu autoestima es la parte más relevante de tu personalidad, es tu centro emocional y, en resumen, podríamos decir que es cuánto te gustas a ti mismo.

Uno siempre puede cambiar el concepto que tiene de sí, aumentar su autoestima, mejorar la imagen personal y avanzar con mayor rapidez hacia sus objetivos y sueños. Basta con repetirse sin cesar estas palabras: «Me gusto a mí mismo. Me gusto a mí mismo. Me gusto a mí mismo».

En una ocasión se acercó a mí una mujer que tenía la apariencia de ser muy muy feliz. Me dijo que la primera vez que me oyó dar este consejo pasó dos años tratando de decir: «Me gusto a mí misma», pero debido a la enorme carga de negatividad que la abrumaba desde su niñez, no podía. Un día se despertó y dijo: «Me amo a mí misma. Me amo a mí misma», y entonces la presa se rompió y se desbordó, y salió el sol. Esa mujer ha sido una persona feliz desde aquella mañana.

Lo mejor que puedes decir al despertarte es «Me gusto a mí mismo. Me gusto a mí mismo. Me gusto a mí mismo». O «a mí misma», claro. Antes de entrar en una reunión, sea del tipo que sea, prepárate psicológicamente: «Me gusto a mí mismo. Me gusto a mí mismo». Te asombrará lo feliz que te sentirás y cuánto te gustarán las otras personas.

Ahora bien, la regla fundamental del éxito consiste en dar por hecho que todo cuenta. Es decir, todo lo que hagas servirá o causará daño. Todo te acercará o te alejará de tus metas. Todo te ayudará a fortalecer o destruir tu autoestima. Los psicólogos dicen que todo lo que hacemos en la vida sirve para construir o proteger la autoestima, por eso debes estar pendiente de los hechos y preguntarte lo siguiente: lo que haces, los libros que lees, la gente con la que te relacionas, las conversaciones que sostienes, ¿aumentan o disminuyen tu autoestima?

LOS BENEFICIOS DE UNA BUENA AUTOESTIMA

Tener una buena autoestima aporta beneficios extraordinarios. El primero es que, cuanto más te gustes a ti mismo, más eficaz serás en todo lo que intentes. Gracias a la psicología se ha descubierto que la autoestima es la otra cara de la moneda de la eficacia. ¿Qué significa esto? Que cuanto mejor haces algo, más te gustas, y cuanto más te gustas, mejor haces las cosas. Por esta razón, a medida que aumentes tu autoestima, también mejorarán tus habilidades, tu desempeño y tu capacidad.

El segundo beneficio es que, cuanto más te gustes a ti mismo, más te gustarán los demás, y viceversa. Conforme avances, más te gustarán los integrantes de tu familia. Los padres con autoestima alta educan niños con esta misma característica. Los niños con autoestima alta crecen y se casan con gente similar, tienen hijos seguros de sí mismos y mantienen la autoestima toda su vida. Es como cuando se extiende el calor del fuego: tu autoestima puede tener un efecto positivo en otras personas.

Este factor es en particular importante en las ventas, la comunicación, la persuasión y la negociación. En las ventas existe una relación directa entre tu nivel de autoestima y tus cifras de ventas. Cuanta más confianza tengas, más venderás en cualquier mercado. ¿Por qué? Porque compramos a las personas que nos gustan, y cuanto más les gustes a otros, más querrán comprarte. Además, querrán hacerlo más de una vez y te recomendarán entre sus amigos.

En lo que se refiere a la comunicación, la persuasión y la negociación, cuanto mejor nos cae alguien más receptivos somos a su influencia. Cuanto más te gustes a ti mismo, más interesantes y ambiciosas serán tus metas, y con más confianza las establecerás. Cuanto más te gustes y más persistente seas, menos te costará reponerte cuando la adversidad te embista.

La alta autoestima enriquece todo en tu vida, te ofrece niveles más elevados de optimismo, así como una actitud mental positiva. Te permite abordar la vida de manera distinta y te ofrece la oportunidad de aumentar tu confianza y valentía.

Lo que en realidad nos impide avanzar son nuestros mayores temores: el miedo al fracaso y al rechazo. Es como un sube y baja: cuanto más alta sea tu autoestima, menores serán tus temores; cuanto más te gustes, menor será tu miedo al fracaso y la crítica, más dispuesto estarás a probar cosas nuevas porque sabrás que los fracasos temporales y la desaprobación de los otros no se reflejarán en tu valía.

Otro beneficio esencial de una autoestima alta es que te ayuda a crear una personalidad positiva, popular y agradable para los demás. Cuanto mejor te veas a ti mismo, más positivo y optimista serás; cuanto mejor humor tengas, más energía sentirás. Le caerás mejor a la gente, y otros querrán convivir e interactuar contigo en los negocios.

LAS 7 LEYES

1. Ley de causa y efecto
2. Ley del control
3. Ley de las creencias
4. Ley de las expectativas
5. Ley de la atracción
6. Ley de la correspondencia
7. Ley de la actividad supraconsciente

LAS SIETE LEYES MENTALES

Existen siete leyes mentales que determinan tu vida y tu potencial. De la primera ya he hablado en este libro, es la **ley de causa y efecto**, que dice que todo sucede por una razón. Vivimos en un universo gobernado por leyes, no por el azar, y esto significa que ni el éxito ni el fracaso son accidentales.

La ley de causa y efecto indica que, si haces lo mismo que la gente exitosa, al final alcanzarás también el éxito; no hay otra manera de que sucedan las cosas. El mundo está repleto de gente que imita a los fracasados y luego le sorprende obtener los mismos resultados. Si deseas tener éxito, averigua qué hacen quienes lo han logrado y repite su comportamiento de manera constante, sin desviarte, hasta que obtengas los mismos resultados.

Insisto en que la aplicación más importante de esta ley es la de los pensamientos como causa y las condiciones como efecto. El pensamiento es creativo, es el encargado de generar tu vida, es decir, tus pensamientos son los que le dan forma a tu existencia. Si deseas generar nuevas condiciones en tu vida externa, debes tener una nueva forma de pensar en tu interior.

La segunda es la **ley del control**, que dice que uno se siente positivo respecto a sí mismo en la misma medida en que percibe que tiene control sobre su propia vida.

Es posible tener un *locus* de control interno o externo. El *locus* interno se refiere a lo que sientes cuando estás al mando y puedes tomar tus propias decisiones; estás sentado en el asiento del conductor y defines lo que te sucede. El *locus* externo proviene del sentimiento de que no tienes ningún control sobre tu vida, tu actitud es pasiva, eres víctima, y te rige lo que otras personas dicen y hacen, tus experiencias del pasado, las facturas que debes o tu situación actual.

Esta sensación de que la gente y las circunstancias del exterior tienen el control te produce estrés, y la única manera de sentirte feliz y tener un buen desempeño es recuperar el control de tu vida.

Cuando vives bajo la ley del control estás al mando de todo lo que te sucede, lo cual nos remite a una observación interesante: lo único en el mundo sobre lo que tienes control total es tu pensamiento. Por suerte, estamos diseñados de manera natural para retomar el control de nuestro pensamiento y de todo lo demás.

La tercera ley que determina tu potencial es la **ley de las creencias**. Es la base de todas las religiones, filosofías y doctrinas metafísicas: todo aquello en lo que creas de manera profunda se transformará en tu realidad. La ley de las creencias indica que uno siempre actúa de manera congruente con lo que cree; las creencias determinan tus acciones, y tus acciones determinan los resultados.

Hay, sin embargo, creencias que te limitan, a pesar de no estar basadas en hechos reales. Son ideas que has aceptado respecto a ti mismo y a tu potencial, pero no son ciertas. ¿Alguna vez has pensado que no eres bueno en particular en un área, pero luego te das una oportunidad y descubres que, en realidad, tienes un talento natural para ello? Esto significa que, antes de esa experiencia, tenías una creencia equivocada.

Mucha gente tiene este tipo de creencias que le impiden avanzar. Un multimillonario contó en una ocasión que, cuando era niño, su padre no dejaba de repetirle: «La gente de nuestra familia es gente trabajadora, nunca alcanzará el éxito económico. Nosotros trabajamos sin cesar para ganarnos la vida. Siempre hemos sido obreros».

Este hombre aceptó estas creencias desde niño y luego abandonó el instituto sin esforzarse demasiado. El primer empleo que tuvo fue de peón. Un día, dos o tres años después de dejar el instituto, se encontraba con un equipo cavando una zanja en una carretera. Los coches pasaban con lentitud a su lado. Cuando levantó la cabeza vio a alguien que había estudiado con él en el instituto. No era un individuo muy brillante y nunca había obtenido buenas notas, pero ahí estaba, conduciendo un coche nuevo.

El obrero y el hombre del automóvil intercambiaron un saludo y empezaron a conversar.

—Hola, Bill, ¿cómo estás? —dijo el obrero apoyándose en la pala.

—Hola, Sam, ¿cómo va todo?

—Ah, bien, tengo un empleo y me va bien. Me acabo de comprar un coche y, dentro de unos meses, también me compraré una casa.

El obrero se quedó mirando a su antiguo compañero y de repente sintió un golpe, como si alguien le hubiera cerrado una puerta en las narices. Entonces comprendió que, en algún momento, había heredado de su padre un paquete de creencias e ideas prefabricadas. Ahí estaba ese otro individuo gozando de una vida maravillosa mientras él cavaba zanjas bajo el sol ardiente. Arrojó la pala al suelo y empezó a caminar.

—Voy a hacer lo mismo que tú —le dijo al hombre del automóvil.

Unos años después era multimillonario. Su punto de inflexión en la vida se produjo en cuanto cuestionó los pensamientos negativos, las creencias limitantes que le impedían avanzar.

La cuarta es la **ley de las expectativas**. Esta ley indica que todo lo que esperes con confianza en ti mismo se transformará en tu profecía cumplida. Hay bibliotecas llenas de libros sobre lo que se conoce como «teoría de las expectativas». En resumen, dicen que toda la bolsa de valores se mueve con base en las expectativas. La gente con la que nos casamos, los empleos que tomamos, las metas que nos fijamos y aquello que emprendemos también se basan en una serie de expectativas. Las expectativas negativas acompañan al bajo desempeño y el fracaso, las expectativas positivas acompañan al éxito y el logro.

En la vida uno no consigue lo que desea, sino lo que espera de manera activa, por eso debes esperar lo mejor en todas las situaciones. Espera lo mejor de toda persona que conozcas, pero, más que nada, espera lo mejor de ti mismo.

La quinta es la **ley de la atracción,** que dice que somos como imanes vivientes. De manera invariable, uno atrae a la gente y las circunstancias que están en armonía con sus pensamientos dominantes.

En tiempos recientes se ha escrito y dicho mucho sobre la ley de la atracción que es una de las más de treinta que rigen tu vida. Se trata de una ley muy útil, pero no es la única ni la más importante. En resumen, dice que si piensas en algo con una emoción intensa y mucha claridad, si logras concentrarte en ello y trabajar todos los días para lograrlo, empezarás a atraer a la gente y las circunstancias que te ayudarán a avanzar con más rapidez hacia ese objetivo.

La sexta es la **ley de la correspondencia.** Casi todo lo que he estudiado en los últimos treinta años me lleva de vuelta a esta ley, que indica que tu mundo exterior tiende a corresponderse con el interior como una imagen en un espejo. Adonde quiera que mires, ahí te encontrarás y, por lo tanto, debes crear un mundo interior congruente con el exterior que deseas disfrutar.

Hace algunos años el gran metafísico Emmet Fox escribió un libro titulado *El equivalente mental.* En él se explica que tu principal misión en la vida es crear el equivalente mental de lo que deseas disfrutar en el exterior. Todas las fuerzas de la naturaleza y el universo se reunirán para ayudarte a diseñar ese equivalente, pero debes tener una imagen clara en el interior de cómo quieres que sea tu vida en el exterior. En cuanto lo logres, todo empezará a suceder.

La Biblia dice que recibirás conforme a tu fe. Hay otro dicho que también se refiere a este concepto: «Como es adentro es afuera». Cuando tienes claro lo que deseas, tu mundo exterior empieza a reflejarlo en tres áreas, empezando por tus relaciones. Lo que piensas y sientes respecto a ti mismo lo proyectas al exterior y define con qué tipo de gente te relacionas y qué tipo de gente te atrae. Tu mundo interior también se refleja en tu estilo y condiciones de vida, y en tus ingresos. La preparación interior define lo que ganas. Y, naturalmente, tu pensamiento y tus acciones en ese mundo interior también definen tu salud y condición física. Para empezar, ve a tu pizarra o coge un cuaderno y empieza a trabajar en el equivalente mental que creará el mundo que te rodee.

La última es mi preferida, es la **ley de la actividad supraconsciente**. Cualquier pensamiento, plan, objetivo o idea que mantengas de manera constante en tu mente consciente se volverá realidad gracias a tu mente supraconsciente. Dicho de otra forma, todo lo que tengas en tu mente de manera permanente podrás obtenerlo gracias a la existencia de este colosal poder en el universo.

Estas son las características que hacen que la supraconsciencia sea tan poderosa: en primer lugar, en cuanto le hayas dado a conocer tus metas, se concentrará de manera continua en ellas las veinticuatro horas del día. En segundo lugar, si tu meta es clara, la mente supraconsciente resolverá cualquier problema que se presente en el camino. Cada vez que se presente una dificultad, un obstáculo o reto, se abrirá una puerta: encontrarás cierta información, tendrás una idea o reflexión pertinente, cierta intuición o corazonada. En resumen, en el camino hacia tu objetivo se irán resolviendo las dificultades a medida que se presenten.

En tercer lugar, la mente supraconsciente o supraconsciencia te da la respuesta precisa en el momento idóneo. A mí, por ejemplo, me ha sucedido que me encuentro en un dilema enorme justo antes de entrar en una reunión y, al cruzar la puerta, me llega como por inspiración la respuesta perfecta. La propongo y la situación se resuelve.

La supraconsciencia te dará la respuesta que requieres, pero debes tener en cuenta algo fundamental: sus respuestas tienen fecha de caducidad. Es decir, debes actuar de inmediato. Si estás conduciendo y de repente sientes que deberías llamar a alguien, aparca y llámale. Si ves un libro y tienes la corazonada de que deberías comprarlo, hazlo en ese instante. Si estás viendo una revista y te parece que deberías leer un artículo, léelo. Si ves a alguien a quien te parece que deberías presentarte, hazlo. A menudo este tipo de situaciones se convierten en puntos de inflexión en la vida.

En cuarto lugar, la supraconsciencia necesita tener objetivos claros para trabajar, y lo mejor es ponerlos por escrito. De hecho, uno nunca aprende ni comprende algo a menos de que lo pueda escribir con claridad.

Si no puedes escribir una idea y hacer la conexión entre tu cerebro y tu mano, lo más probable es que tú mismo no la entiendas. La supraconsciencia no podrá trabajar en ella tampoco. El simple hecho de escribir nuestras metas nos ayuda a tenerlas claras y a cumplirlas.

Tus objetivos deberían ser tan claros que cualquier niño debería poder leerlos y explicárselos a otro niño. Debería poder leerlos y decirte si los has logrado o lo cerca que estás. Si un objetivo no está plasmado de esta manera, con la claridad suficiente como para que lo entienda un niño, necesitarás volver a trabajar en él. Cuanto más sencillo sea, más rápido empezarán a trabajar en él tus poderes mentales para hacerlo realidad en tu vida.

En quinto lugar, a tu mente supraconsciente la activan la visualización y las órdenes positivas que le envíe tu consciente a tu inconsciente. En especial, la supraconsciencia es sensible a frases como «Me gusto a mí mismo» o «Me gusto a mí misma». Cada vez que pienses en tu objetivo y digas: «Me gusto a mí mismo. Me gusto a mí mismo. Me gusto a mí mismo», estarás activando tus poderes mentales.

En sexto lugar, la supraconsciencia opera mejor cuando te sientes tranquilo y te muestras lleno de confianza. Es probable que conozcas a gente que, cuando las cosas salen mal, diga: «Ah, no te preocupes, ya sucederá algo bueno. Todo va a estar bien, todo se va a solucionar». Y, ¡sorpresa, sorpresa!, a esta gente siempre le pasa algo bueno, las cosas siempre se solucionan. Cuanto más tranquilo estés y confíes en que todo saldrá bien, más pronto aparecerá tu objetivo en la vida.

En séptimo y último lugar: la supraconsciencia libera ideas y energía de manera continua para lograr tus objetivos. Cuando trabajas por algo que te importa muchísimo, es como si se produjera un flujo continuo de energía e ideas. A veces te es posible trabajar durante horas sin sentirte fatigado; cuando algo te emociona de verdad, puedes trabajar dieciséis horas seguidas, siete días a la semana, y no necesitar dormir. Esto sucede porque tu supraconsciencia es una fuente de energía gratuita. Esta energía es producto del universo, pero puedes atraerla para que te impulse a lograr tus metas. También te ofrece todo tipo de ideas y reflexiones que te facilitan las cosas.

Orientarse hacia los objetivos es la clave para desbloquear tu potencial y hacer que todas estas leyes mentales trabajen a tu favor y te conduzcan hacia lo que deseas. Si tus objetivos son claros, no es necesario que pienses en las leyes porque, por ejemplo, la ley de causa y efecto se activa de inmediato: tus pensamientos son la causa, y el movimiento hacia tus metas es el efecto. La ley del control se activa también: cuando te concentras en tus metas, controlas tu pensamiento. La ley de las creencias se activa porque crees que todo lo que haces te acerca a tus objetivos. La ley de las expectativas funciona porque esperas que todo lo que suceda te ayude a lograr tus objetivos. La ley de la atracción: atraes continuamente personas, circunstancias e ideas para lograr tus metas. Y, por supuesto, la ley de la actividad supraconsciente, que trabaja veinticuatro horas al día, te mueve cada vez más rápido hacia tus metas, y también hace que ellas se acerquen a ti. ¿Qué tienes que hacer entonces?

- Liberar ideas y energía, desbloquear tu potencial.
- Mejorar el concepto que tienes de ti mismo, aumentar tu autoestima y hacer que te gustes más.
- Aumentar la confianza que tienes en ti y volverte imparable en la carrera hacia tus metas.

En el capítulo 5 hablaré más sobre cómo establecer y cumplir metas.

LA FÓRMULA DEL 1.000 %

Quiero mostrarte cómo aumentar tu productividad, desempeño e ingresos en un 1.000 % y multiplicarlos por diez en los años por venir. A este proceso lo llamo «la fórmula del 1.000 %», y se basa en la ley del mejoramiento progresivo, que afirma que la gente mejora poco a poco. Nadie pasa de ser promedio o mediocre a ser extraordinario de la noche a la mañana; recuerda que requerirás entre cinco y siete años para alcanzar la excelencia en tu campo de acción y estar en el 10 % de la parte superior, así que más vale que empieces pronto.

La fórmula del 1.000 % también se basa en la ley de la acumulación, la cual dice que el éxito es resultado de cientos o incluso miles de pequeños esfuerzos y sacrificios que nadie ve o aprecia.

El poeta Henry Wadsworth Longfellow escribió un maravilloso verso: «Los hombres [y mujeres] extraordinarios que han alcanzado y han dominado las cimas más altas, no lo lograron con un vuelo imprevisto. Mientras sus compañeros dormían, ellos luchaban en su ascenso nocturno». Esto quiere decir que, mientras la mayoría de la gente ve la televisión, socializa y se divierte, quienes serán extraordinarios en el futuro están ocupados trabajando y aumentando su conocimiento. Se van haciendo mejores poco a poco. La clave del éxito es simple: mejora un poco todos los días. Mejoramiento continuo y permanente.

Ahora te haré una pregunta: ¿podrías aumentar tu productividad, tu desempeño y tus resultados un 0,1 % en un solo día? ¿Podrías empezar a trabajar un poco más temprano, trabajar con un poco más de ahínco, quedarte en la oficina hasta un poco más tarde, centrarte en las prioridades y ser un 1/1.000 más productivo en un día?

Cuando doy conferencias y le pregunto esto al público, sucede lo siguiente:

—Claro. Eso se puede hacer en treinta segundos —dicen todos.

—Y si lo hicierais el primer día, ¿también podríais hacerlo el segundo?

—Sí, por supuesto —contestan.

—¿Qué hay del tercero, cuarto y quinto día? —pregunto.

—Sí, claro.

—Entonces podríais hacerlo durante toda la semana. Y si 0,1 % por cinco días da como resultado 0,5 %, ¿la siguiente semana podríais ser un 0,5 % más productivos si de verdad quisierais?

—Sin duda —contesta la gente del público.

—Entonces, si os volvisteis más productivos la primera semana, podríais hacerlo la segunda, ¿cierto? —añado.

—Claro.

Y aquí empieza a suceder algo interesante que se llama «principio del impulso». Uno se deja llevar por el ritmo de la situación. Es como despertarse por la mañana y hacer ejercicio. Ya sabemos que cada día es más fácil y que, una vez que lo haces todos los días de la primera semana, podrías hacerlo la segunda, la tercera y la cuarta, ¿no? Pues esto da como resultado un 2 % en un mes.

¿Podrías continuar mejorando el segundo, tercero y cuarto mes? La gente dice que sí, lo cual significa que podría hacerlo todo un año, y cada año tiene 12 meses con cuatro semanas cada uno, es decir, 52 semanas. Si mejoras un 2 % al mes y lo multiplicas por 12, te da como resultado un 24 % en un año.

¿Crees que si trabajaras en ti mismo, si administraras tu tiempo mejor, si te concentraras en tareas de alto valor, te sería posible ser un 24 % más productivo en el transcurso de un solo año? La respuesta es «sí», por supuesto. Si lo desearas realmente, podrías ser el doble de productivo en un mes, así que un 24 % al año parece razonable. Y una vez que hicieras eso un año, ¿podrías hacerlo el segundo año? Por supuesto. ¿Y el tercero y el cuarto? Sí.

Si aumentas tu productividad, el desempeño y tus resultados un 24 % al año, tus ingresos se incrementarán en la misma medida. A ese ritmo, en 2,7 años, habrás podido duplicar tu productividad, desempeño e ingresos. Si sumamos los resultados de diez años, tendrías un aumento del 1.004 % en todos los aspectos: productividad, desempeño, resultados e ingresos.

Esto es lo más sorprendente: el simple hecho de ser un 0,1 % mejor cada día, un 0,5 % a los cinco días, un 2 % al mes y un 24 % al año te permitirá ser diez veces mejor persona y recibir mejores ingresos en una década.

Hace poco asistí a un seminario en Seattle y un joven amigo llamado Chris se acercó a mí.

—Han pasado siete años desde que asistí a tu seminario. He practicado tu fórmula del 1.000 % todos los días y no funciona —me dijo.

—¿A qué te refieres? —pregunté.

—Bien, pues me he levantado temprano todos los días y también he hecho varias de las cosas que recomendaste, pero tu fórmula no sirve. Mis ingresos no aumentaron diez veces en diez años.

—¿En serio? —volví a preguntar incrédulo, pero entonces lo vi sonreír con aire malicioso.

—Aumenté mis ingresos diez veces en solo siete años. Este año he ganado diez veces más de lo que ganaba cuando te conocí. Tu fórmula es lo más increíble del mundo, transformó mi vida. Me permitió darnos una vida fabulosa, a mí y a mi familia. Ahora vivimos en una casa preciosa, mis hijos asisten a escuelas privadas. Es una verdadera maravilla.

Estos son los siete ingredientes de la fórmula del 1.000 %.

1. Cada mañana, levántate dos horas antes del momento de entrar en la oficina o de tu primera cita, y lee algo educativo, motivacional o inspirador entre treinta y sesenta minutos. Lo ideal sería que leyeras algo que te sirviera para ser mejor en tu empleo actual. Ya lo vimos: leer entre media y una hora te permite terminar un libro en una semana. Un libro en una semana da como resultado cincuenta libros en un año; cincuenta libros en un año son quinientos en diez años, así que, como mínimo, necesitarás una casa mucho más grande donde guardarlos. Lo cierto es que con solo leer una hora diaria centrándote en textos sobre tu área de trabajo, en los próximos diez años podrías aumentar tus ingresos un 1.000 %.

2. Cada mañana, antes de iniciar el día, reescribe y revisa tus objetivos principales. Te sugiero que uses un cuaderno con espiral. En la parte superior de la página escribe la fecha y tus diez objetivos para ese día. Esto te permitirá reprogramarlos en tu inconsciente, activar tus poderes supraconscientes y lanzarte a la jornada con gran claridad respecto a lo que tratarás de lograr.

    El mero hecho de reescribir y revisar tus objetivos principales cada mañana te permitirá aumentar tus ingresos diez veces en los próximos diez años.

3. Planifica cada día con antelación; haz una lista la noche anterior. Insisto, con el solo hecho de planificar cada jornada podrías aumentar tu productividad, desempeño y resultados un 25 %. El primer día que lo hagas empezarás a aumentar la productividad; si continúas haciéndolo, tus ingresos crecerán diez veces en diez años.

4. Al organizar tus tareas, establece prioridades y concéntrate en aquello que te permita aprovechar el tiempo al máximo. Este es el principio fundamental del éxito: identifica lo más importante que podrías estar haciendo y céntrate en ello todo el día. Esto tendrá un impacto inusitado en tu vida y te llevará a aumentar tus ingresos diez veces en diez años.

5. Escucha programas de audio mientras te desplazas en coche. Adondequiera que vaya en el mundo, siempre encuentro gente que empezó a escuchar este tipo de emisiones y se volvió adicta a ellas. Programas sobre metas, gestión del tiempo, relaciones, ventas, negocios y acumulación económica. Me dicen que estos programas los transformaron como personas, y es cierto, porque cuando escuchas programas de audio, la información se graba en tu subconsciente.

La gente me repite con frecuencia: «Estaba en tal situación y no sabía qué hacer, pero luego recordé una frase de un programa de audio. La repetí o hice lo que indicaba y obtuve los resultados que esperaba». Uno nunca sabe de dónde puede llegarle una idea genial, por eso hay que asimilar una gran cantidad.

Hace poco conocí en San Luis a un joven que me dijo que no era un gran lector, pero sí un buen escuchador. Quería comprar los seis episodios de mis programas, pero no tenía dinero suficiente. Sin embargo, volvió a casa corriendo, a la hora de la comida le pidió a su madre que le prestara el dinero, regresó y compró los audios. En aquel momento, conducía un coche viejo, vivía en casa de su familia y casi no tenía dinero.

«En cuatro años he ganado más de 500.000 dólares —me dijo—. Tengo un coche nuevo y una casa fabulosa. Estoy casado y soy feliz. Nunca en mi vida había tenido tanto dinero. Mis ingresos continúan aumentando año tras año, y atribuyo todo esto al hecho de que escuché esos programas porque son la única influencia nueva que he tenido desde entonces».

¿Funciona? Sí. A veces la gente me dice: «De acuerdo, pero ¿y si no funciona?». Bueno, ¿y si resulta que sí funciona? ¿Podrías darte el lujo de no intentarlo? El simple hecho de escuchar programas de audio aumentará tus ingresos diez veces en los próximos diez años.

6. Después de cada experiencia, hazte las dos preguntas mágicas que te permitirán desbloquear más de tu potencial, volverte más inteligente más rápido y encontrar las soluciones que necesitas.

La primera pregunta es: «¿Qué he hecho bien?». Si haces una llamada de ventas o una presentación, en cuanto termines, haz un resumen y pregúntate: «¿Qué he hecho bien?». Yo solía sentarme con una libreta y una pluma, y escribía todo lo que había hecho bien porque, independientemente de los resultados, era obvio que había hecho algunas cosas bien.

La segunda pregunta es: «Si tuviera que volver a hacer esto, ¿qué haría distinto?». Escribe todas las maneras en que podrías mejorar tu desempeño.

Fíjate en la peculiar cualidad de estas preguntas: las respuestas a ambas son positivas. Mucha gente solía pensar que cuando cometía un error, de inmediato debía diseccionarlo y preguntarse: «¿En qué me equivoqué?». Pero piensa que cualquier cosa sobre la que reflexiones, cualquier cosa que imagines, discutas y recuerdes se reprogramará en tu inconsciente. Si repasas tus errores, solo te reprogramarás para cometer más errores cuando estés en situaciones similares en el futuro.

Si, en lugar de eso, te centras en recordar todo lo que hiciste bien y en lo que podrías mejorar la próxima vez, lo programarás en tu inconsciente y te predispondrás a hacer las cosas bien más adelante.

Hazte siempre esas dos preguntas. ¿Qué he hecho bien? ¿Qué podría haber hecho distinto?

7. A cualquier persona que conozcas, trátala como si fuera un cliente que representara un millón de dólares, empezando por los miembros de tu familia, y luego todos los demás. Recuerda que cada persona se considera a sí misma la más importante del mundo, así que, cuando reconozcas esto y trates así a los otros, como si tuvieran la capacidad de comprar un millón de dólares de tus productos o servicios, ellos te tratarán con la misma calidez, afecto y respeto.

Muy pronto descubrirás que, en todos los sectores, la gente mejor pagada es la que mejor cae a los clientes y compradores. ¿Por qué? Porque esta gente trata a sus clientes como si fueran personas muy especiales e importantes.

TRES CLAVES PARA DESBLOQUEAR TU POTENCIAL

Estas son las tres claves definitivas que debes tener en cuenta:

1. Decide con exactitud qué es lo que quieres. Es imposible acertar a un blanco que no puedes ver.

2. Establece prioridades y trabaja todos los días en tus tareas más valiosas.
3. Toma desde el principio la determinación de que no vas a renunciar hasta que cumplas las metas que te hayas fijado.

No dejes de recordarte a ti mismo esta maravillosa frase: «El fracaso no es una opción». Y piensa en lo que dijo el gran inventor Thomas Edison: «Cuando creas haber agotado todas las posibilidades, recuerda esto: aún hay más».

3

Motívate para alcanzar tu máximo desempeño

Ya hemos analizado los dos primeros pasos del plan Fénix. Primero has aprendido que la mente es el poder más grande que tú y cualquier otro ser humano poseemos, que si cambias tu forma de pensar puedes modificar tu realidad. Luego has aprendido que puedes tener acceso a este asombroso poder gracias a métodos sencillos como la visualización de lo que deseas y el establecimiento de objetivos concretos con base en lo que quieres lograr.

Ahora nos concentraremos en alcanzar el máximo desempeño, es decir, en dar lo mejor de ti mismo. La persona común trabaja a menos del 50 % de su capacidad, sin embargo, si te motivas puedes obtener más de ti y de tu vida.

La motivación es algo muy similar a la salud mental. Verás, para mantener tu salud física es necesario que realices ejercicios físicos, pero para mantener la salud mental y, en este caso, la motivación personal, debes realizar ejercicios mentales.

En este preciso momento tienes el potencial de ser, hacer y tener más que nunca. No importa todo lo que ya hayas logrado hasta ahora. Eso es solo una muy pequeña parte de lo que puedes hacer.

La gente superior cree que el futuro será mejor que el pasado, que será el mejor momento de su vida. Cree que tiene por delante el periodo en el que obtendrá más ingresos que nunca y que sus mayores logros están aún por venir. Estas personas creen que los momentos de mayor felicidad y alegría se encuentran en el futuro. Su actitud ante la vida es la misma que la que tienen los niños respecto a la Navidad: «Estoy deseando que llegue». Gracias a la ley de las expectativas, la vida de estas personas siempre va a mejor.

USA TU IMAGINACIÓN

La persona común solo utiliza el 10 % o menos de su potencial mental. Esto significa que, si desbloquearas más de tus habilidades y talentos, podrías duplicar, triplicar, quintuplicar o incluso hacer crecer diez veces todo lo que ya logras ahora.

Como un primer ejercicio, empieza por imaginar que podrías duplicar tus ingresos en los próximos dos años, o en uno. ¿Cuánto ganarías? Escribe tu meta y comienza a pensar en esa cifra todos los días. Verás que, casi de inmediato, empezarás a tener ideas y detectar oportunidades que te permitirán duplicar tus ingresos.

El segundo ejercicio consiste en imaginar que aumentas tus ingresos diez veces. Añade un cero a lo que ganas ahora y así tendrás la cifra que buscamos. A lo largo de los años he descubierto que si dices: «En este momento gano 50.000 dólares al año, pero si añado un cero tendré 500.000», de la misma manera que tu cuerpo podría rechazar un nuevo órgano que le fuera trasplantado, tu mente rechazará esta idea. Lo primero que hará será negarlo en redondo y devolverte la idea como una pelota:

—En absoluto. Eso es imposible —dirá, porque tu cerebro no puede asimilar un cambio tan increíble.

Pero entonces, tú le devolverás la pelota.

—Bueno, pero imagina que yo pudiera ganar 500.000 dólares al año —insistirás. Tu mente se defenderá de nuevo, pero tú deberás mantenerte firme—: Pasaré de X a 10X. Mi sueldo actual es de 50.000, pero 10 por X, es igual a 500.000. Pasaré de X a 10X.

Y mientras sigas pensando lo mismo, «pasaré de 50 a 500, de 50 a 500», en algún momento tu mente se cansará y dejará de refunfuñar. Llegará el día en que diga:

—De acuerdo, tú ganas, tal vez sí sea posible.

En ese momento tu supraconsciencia entrará en acción y dirá: «Tal vez ayudaría que hicieras tal cosa». Y así, la presa empezará a fisurarse y de pronto estarás teniendo todo tipo de ideas que te permitirán aumentar tus ingresos y pasar de 50.000 a 55.000 dólares al año, de 55.000 a 60.000, y de 60.000 a 70.000.

Ahora bien, aunque las cosas empiecen a suceder, el proceso será lento. No esperes que todo cambie de golpe, ni lograr todo de la noche a la mañana. Los cambios sucederán de manera gradual, a medida que tu mente se vaya haciendo a la idea de ganar el doble, el triple o diez veces más de lo que ganas hoy.

Ahora permíteme hacerte una buena pregunta: ¿estas cifras son posibles? Claro que sí. Miles o millones de personas están ganando esto a pesar de que comenzaran recibiendo menos de lo que tú ganas hoy en día. ¿Y sabes qué? Nadie es ni mejor ni más inteligente que tú, es solo que esas otras personas hacen las cosas de una manera distinta.

Yo he llegado a sorprenderme. He conocido gente común y corriente que hace las cosas de forma extraordinaria y, gracias a eso, gana cinco o diez veces más que yo. Primero me pregunto incrédulo cómo es eso posible. Luego me fijo en lo que hacen y noto que es algo distinto en un ámbito diferente. Saben más sobre lo que hacen que yo y se concentran en lo que conocen bien. He conocido personas cuyo coeficiente intelectual no descollaría en absoluto, pero que ganan más que yo. ¿Por qué? Porque no tratan de ser buenas en muchos ámbitos, solo tratan de serlo en una sola cosa, e insisten en ello, inasequibles al desaliento.

¿Es posible? Por supuesto. El descubrimiento más importante en la historia de la humanidad es que uno puede convertirse en aquello en lo que piensa la mayor parte del tiempo. También puedes convertirte en lo que te repites la mayor parte del tiempo. Lo que te dices a ti mismo, tu diálogo interior, determina el 95 % de tus emociones.

SUPERA TU CONFIGURACIÓN POR DEFECTO

Te diré algo crucial: si no decides hablarte a ti mismo de una manera positiva consciente y deliberadamente, siempre acabarás pasando al modo por defecto: el pensamiento negativo.

¿Piensas en tus preocupaciones y problemas? ¿En las situaciones y la gente que te encolerizan? Si no tienes cuidado, siempre recurrirás a la configuración por defecto, es decir, a echar pestes. Tienes que mantenerte centrado en lo que quieres y en cómo obtenerlo, así que concéntrate en las cosas positivas por periodos prolongados. Si haces algo una y otra vez, en algún momento crearás un hábito. Al cabo de poco tiempo habrás desarrollado el hábito de pensar siempre de manera positiva y constructiva respecto a ti mismo y tu vida.

Todos los días habla contigo mismo de manera positiva, di cosas como: «Me gusto a mí mismo» o «Puedo hacerlo» o «Soy el mejor», o «Soy la mejor». El empresario y pensador motivacional W. Clement Stone le enseñaba a la gente a repetirse la frase: «Soy feliz, estoy sano, me siento genial».

Creo que esta actitud es maravillosa porque, como tu mente consciente solo puede tener un pensamiento a la vez, a medida que te repitas la frase, esta se convertirá en tu realidad. Te reprogramarás por dentro con un nuevo equivalente mental.

Una de las claves de la automotivación y de la confianza en uno mismo consiste en cancelar los pensamientos y los sentimientos negativos. La naturaleza aborrece el vacío, así que, si eliminas los pensamientos y los sentimientos negativos de tu mente, crearás un vacío y la naturaleza lo llenará exclusivamente con contenidos positivos.

Como ya he dicho, dos miedos principales desencadenan las emociones positivas que impiden avanzar. El primero es el miedo al fracaso que, en mi opinión, es el mayor obstáculo para el éxito en la vida adulta. Esto se traduce también en un miedo a perder dinero, tiempo y amor, un miedo a la pobreza en general. Todos lo experimentamos y, por lo general, comienza en la infancia.

El segundo es el miedo al rechazo: a la crítica, a sentir vergüenza, hacer el ridículo o a la opinión de los otros. ¿Sabías que el 54 % de los adultos le teme más a hablar en público que a la muerte? ¿Sabes por qué? Porque les da miedo sentirse avergonzados. Creen que, si se ponen de pie y hablan, la gente se reirá de ellos, y prefieren morir antes de exponerse a algo así.

Estos miedos son inconmensurables y tienen un impacto enorme en nuestra vida. Ambos los aprendemos en la infancia debido a las críticas destructivas que recibimos de nuestro padre, nuestra madre o ambos. La buena noticia es que, como son miedos aprendidos, también podemos desaprenderlos. Es un milagro de la psicología moderna. Podemos desaprender nuestros miedos aplicando la **ley de la sustitución**. Esta ley dice que tu mente solo puede mantener un pensamiento a la vez, ya sea negativo o positivo, así que puedes sustituir de forma deliberada un pensamiento negativo con uno positivo. Mucha gente me ha contado que esta práctica le ha cambiado la vida. Antes, no sabían que tenían tanto control, no se daban cuenta de que podían elegir y sustituir un sentimiento negativo con uno positivo, y seguir haciéndolo hasta que este último se quedara fijo en su mente como si fuera cemento.

Todos somos capaces de cancelar tanto el miedo al fracaso como el miedo al rechazo. Basta decir la frase: «Me gusto a mí mismo». Cuanto más te gustes, menos le temerás al fracaso. Cuanto más confianza tengas en ti, menos temerás el rechazo, la crítica y los comentarios de otras personas.

Conforme aumente tu autoestima, disminuirán tus miedos. El miedo al fracaso, en particular, lo puedes cancelar repitiendo la frase: «Puedo hacerlo, puedo hacerlo, puedo hacerlo». Porque, verás, el miedo al fracaso se resume en el sentimiento que te hace decir: «No puedo, no puedo, no puedo». Y este «No puedo» es lo que nos impide probar cosas nuevas y correr riesgos. Cada vez que sientas pánico porque debes hacer llamadas de ventas, tocar puertas o arriesgarte, repítete: «Puedo hacerlo, puedo hacerlo, puedo hacerlo». Tu confianza aumentará y tus miedos desaparecerán poco a poco.

Ahora te hablaré de un descubrimiento muy interesante en el campo de la psicología. Se llama «efecto bumerán» y se refiere a que todo lo que hagas o digas para ayudar a que otra persona se sienta mejor consigo misma, también te hará sentir bien a ti.

Si en tu familia o círculo social hay alguien a quien te gustaría influir de manera positiva, dile: «Tú puedes, tú puedes, tú puedes». Anima a la gente en lugar de enumerar las razones por las que algo no funcionará. Muchas personas suelen hacer eso, así que, mejor, anima a los otros diciéndoles que son capaces de todo. A veces puedes cambiarle la vida por completo a alguien con solo animarlo o animarla y repetirle: «Tú puedes». Más adelante vendrán a decirte: «¿Sabes? Yo tenía muchas dudas y era muy inseguro, pero cuando insististe en que podía hacerlo, me dije: "Vaya, qué demonios, ¡sí puedo!", y eso me cambió la vida». Cuando animas a otros y los alientas, te sientes mejor y confías también más en ti mismo. Como dicen: una mano lava a la otra.

ENTRENAMIENTO MENTAL EN VARIAS ÁREAS

La cualidad más importante para la autoestima y la motivación personal es el optimismo. Las personas que se encuentran en el 10 % de la parte superior de cualquier ámbito son optimistas y creen en sí mismas. Todo lo que sucede, todo inconveniente, dificultad y reto, lo ven como una oportunidad de algún tipo.

El optimismo es como el *fitness* mental, es la forma en que puedes detectar un alto nivel de salud mental y una personalidad positiva. Cuando quieres ponerte en forma en el aspecto físico, vas al gimnasio y haces ejercicio, pero si quieres estar en buena forma mental, tienes que hacer un entrenamiento psicológico en varias áreas.

1. Piensa y habla sobre lo que deseas y cómo obtenerlo. Hazlo siempre que puedas, porque lo que pienses y articules marcará tu camino en la vida.

Debes ser muy cuidadoso, te daré un ejemplo. A veces mi esposa Barbara y yo hablamos sobre algo que ha salido mal en el trabajo o las inversiones, y entonces ella me dice: «Oye, espera un minuto, ¿queremos más de esto en nuestra vida?», y yo le digo que no, y entonces dejamos de hablar del asunto.

A esto se le llama «interrupción de patrones». Para dejar de hablar de algo que te da vueltas en la cabeza, solo di la palabra: «Alto» en voz muy alta y verás que es como una bofetada que te obliga a abandonar ese patrón de pensamiento. Luego, reemplaza de inmediato el pensamiento y empieza a pensar en tus metas.

De hecho, una de las mejores maneras de mantener tu optimismo vivo es pensar en tus objetivos y metas. Cada vez que estés atrapado en un atasco de tráfico, piensa en ellos; cada vez que algo te preocupe o tengas un problema, piensa en ellos. En tu vida diaria, esfuérzate en pensar y hablar sobre lo que deseas y en cómo obtenerlo. Eso te ayudará a ser cada vez más optimista y positivo.

2. La segunda clave para ser optimista es buscar lo bueno en todas las situaciones. Cada vez que algo salga mal o tengas un imprevisto, detente de inmediato y di: «Vaya, aquí hay algo bueno». Analiza la situación y encuentra la parte positiva.

Cada vez que busques lo bueno en una dificultad, lo verás aparecer. Es un poco como un interruptor de luz con atenuación que controlas de forma manual y te permite aumentar o disminuir la luz. Si la aumentas, la luz será muy brillante y, al contrario, si la disminuyes, será muy tenue.

En nuestro cerebro también tenemos un interruptor de este tipo que controla nuestros pensamientos. Cuando aumentas la intensidad, eres positivo, creativo, feliz, vigoroso y muy simpático: eres la mejor persona posible. En cambio, cuando disminuyes la intensidad, te vuelves negativo, iracundo, temeroso y te sientes preocupado. Date a la tarea de mantener el interruptor encendido en la máxima intensidad siempre que puedas. ¿Cómo? Cada vez que piensas y hablas sobre lo que quieres, y cada vez que buscas lo bueno incluso en una mala situación, el interruptor aumenta la intensidad de la luz y tú te transformas en una persona positiva y creativa.

3. Busca la valiosa lección que lleva aparejado cada problema que se presenta. La gente exitosa sabe que todo problema, dificultad, inconveniente u obstáculo contiene una lección valiosa que le puede ayudar a tener incluso más éxito en el futuro. Mi difunto amigo Norman Vincent Peale, autor de *El poder del pensamiento positivo*, dijo en una ocasión: «Cuanto más grande es el regalo que Dios quiere enviarte, más grande es el problema en el que lo envuelve».

Tal vez ahora te sientas como si fuera la mañana de Navidad porque hay montones de regalos por todos los rincones, sin embargo, recuerda que los problemas y las dificultades siempre traen consigo un obsequio de algún tipo. Imagina que existe un gran poder en el universo que quiere que seas exitoso y feliz en el futuro. Este gran poder está al tanto de que tienes una naturaleza perversa porque no te gusta aprender tus lecciones sino hasta que te duelen, y por eso te las envía con cierta regularidad. Cada lección viene acompañada de algún dolor o pena que pueden ser físicos, económicos o emocionales: lo cierto es que nunca faltan las tribulaciones. Este dolor está diseñado para captar tu atención.

Cada vez que algo te cause dolor, ansiedad o angustia, pregúntate: «¿Cuál es la lección que debo aprender de esta situación? ¿Qué se supone que debo sacar de esto?». Si analizas lo que está pasando, siempre encontrarás una o varias lecciones. Las almas grandes son las que aprenden las lecciones más profundas a partir de los inconvenientes más insignificantes.

Algunas personas necesitan que les golpeen en la cabeza varias veces para aprender la lección, pero hay otras que, en cuanto empiezan a sufrir, piensan: «Parece que se acerca una lección, me pregunto qué es lo que se supone que debo aprender».

Lo más increíble es que, en cuanto empiezas a buscar la lección, el interruptor aumenta la intensidad al máximo y te transformas en una persona positiva. Cada vez que buscas la enseñanza en un problema, encuentras algo. A veces es algo que te ayuda a tener éxito. En ocasiones, incluso, cuando miras en retrospectiva, piensas: «Gracias al cielo que esto me sucedió antes, porque me ayudó a aprender la lección, que me ha ayudado a triunfar y ser feliz hoy». Toma siempre la vía rápida y aprende la lección lo antes posible.

Y no te olvides del principio del bumerán: si quieres influir en otras personas, ayúdales a buscar lo bueno cuando las cosas salgan mal. Si alguien atraviesa un momento difícil, dile: «¿Sabes? Siempre hay algo bueno en las dificultades, me pregunto qué será en este caso». Ayuda a otros a centrarse en lo positivo. Cuando una persona se enfrente a un inconveniente o un revés, explícale: «Cada problema trae consigo una o más lecciones, ¿cuál crees que será la enseñanza en esta ocasión?». Trata de identificar con esa persona cuáles son las lecciones. En ambos casos le estarás ayudando a ponerse de nuevo en contacto con la realidad, a encender su luz al máximo, a ser positiva y creativa, y a aprovechar los beneficios que trae consigo cada dificultad. Y, al mismo tiempo, tú te convertirás en una persona más positiva y constructiva.

4. Alimenta tu mente con material positivo. Nutrir el cerebro con materiales provechosos y edificantes, como libros, audios, cursos, conversaciones positivas, seminarios y conferencias de gente inspiradora, tiene una influencia grandísima en la mente. Todo esto te convierte en alguien más feliz y positivo, te vigoriza y te inspira a hacer más en lugar de quedarte sentado contemplando las catástrofes que aparecen en la televisión o en internet.

TÚ ERES EL RESPONSABLE

Existe un antídoto muy simple para lidiar con el miedo, las dudas y la preocupación, y para ser más optimista: comprender que la negatividad solo surgirá si se culpa a otros. ¿Qué quiero decir con esto? Que solo se puede ser negativo respecto a una situación si se culpa a alguien más. Es decir, solo te enojarás y sentirás resentimiento si le transfieres la responsabilidad a otra persona. En cuanto dejas de culpar a otros, las emociones negativas desaparecen.

Para anular todas estas emociones, repite sin cesar la frase: «Yo soy el responsable». Cada vez que lo hagas estarás cancelando el sentimiento negativo por una sencilla razón: no puedes aceptar la responsabilidad y sentir negatividad al mismo tiempo.

La frase «Yo soy el responsable» es muy poderosa. Yo invertí cuatro mil horas y tres años de estudio en esta área de la psicología porque la relevancia de este concepto me abrumó. Toda la felicidad y el éxito en la vida provienen de las emociones positivas, pero si estas desaparecen, las negativas surgen de forma automática. Descuida, siempre puedes cancelar las emociones negativas diciendo: «Yo soy el responsable y no voy a culpar a nadie más. No soy una víctima. Las cosas salieron mal. No me voy a quejar, no voy a criticar ni a lloriquear, tampoco a lamentarme. No. Yo soy el responsable».

Cada vez que dices la frase «Yo soy el, o la, responsable», sientes una especie de poder en tu vida. Asumes el control de lo que te sucede, tu mente se apacigua y empiezas a tener una idea clara de qué hacer a continuación.

Todos los líderes se responsabilizan de sus acciones. Casi todos los libros que hablan de cómo alcanzar el éxito, ya sea *Los principios del éxito* de Jack Canfield o *Los siete hábitos de la gente altamente efectiva* de Stephen Covey, empiezan con algo como: «Asume la responsabilidad, deja de dar excusas. Decide qué quieres y ve tras ello».

La responsabilidad es esa línea que separa a la infancia de la edad adulta. Cuando eres niño, culpas a tus padres de tus problemas, los culpas por lo que hicieron o dejaron de hacer. Sin embargo, cuando creces y te haces adulto, como dice la Biblia: «Dejas a un lado las cosas de niño» (1 Corintios 13:11). Cuando te haces adulto cruzas la línea y dices: «Soy un adulto y seré responsable de lo que me suceda a partir de ahora». En ese momento, tu vida comienza a ser distinta.

Si amas y respetas a la gente que te rodea, anímala a aceptar su responsabilidad también. En mi empresa, siempre digo: «Aquí todos son el presidente de su propia empresa de servicios. Ustedes son responsables. Si algo sale mal, tendrán que hacerse cargo y resolverlo». Los empleados vienen a mi oficina y me dicen: «Tengo un problema, pero como sé que soy el presidente de mi propia empresa, propongo que hagamos lo siguiente…».

A mis hijos les digo lo mismo: «Aceptad siempre vuestra responsabilidad». Si se acercan a mí porque les ha salido algo mal, les pregunto qué ha ocurrido y ellos me explican: «Tengo tal problema, es una gran dificultad, pero yo soy el responsable, y esto es lo que he aprendido…».

Desde que eran muy pequeños empezaron a hacerse responsables de sus actos y a aprender sus lecciones. A medida que fueron creciendo, su autoestima y su confianza en sí mismos aumentaron; ahora saben que pueden afrontar cualquier situación porque saben asumir la responsabilidad y buscar las enseñanzas. Tú también puedes hacerlo.

Las emociones negativas te hacen sentir mal y dar por hecho que eres la víctima. En cambio, aceptar la responsabilidad te empodera y te da el control de tu persona y tu vida. Existe una relación directa entre aceptar la responsabilidad y la sensación de tener el control. Como ya he mencionado anteriormente, este control también se relaciona con las emociones positivas porque, en la medida en que uno se siente dueño de su vida, también se siente bien consigo mismo. Aceptar tu responsabilidad te permite tomar el control y, en consecuencia, sentirte feliz.

Las afirmaciones positivas, es decir, las frases que te dices a ti mismo lleno de emoción, te sirven para gobernar tus emociones y para programarte para tener éxito en el futuro.

También te permiten desbloquear tu potencial a un nivel más alto de lo que jamás creíste posible. Las frases más poderosas para ayudarte a fortalecer tu confianza son: «Me gusto a mí mismo. Me gusto a mí mismo. Yo soy el responsable. Puedo hacerlo».

En esas ocasiones en que te despiertas por la mañana y, en lugar de decir: «Buenos días, Dios», dices: «¡Ay, Dios! ¿qué tiene de bueno este día?», puedes cambiar tu actitud de inmediato. Solo tienes que empezar a repetirte: «Me gusto a mí mismo. Amo mi trabajo. Amo mi trabajo». Muy pronto empezarás a sentirte bien y feliz. Tu cerebro comenzará a liberar endorfinas, es decir, la droga natural de la felicidad. Tu hígado liberará glucógeno, que es una forma de energía. Y te sentirás vigorizado y listo para comenzar la jornada.

CINCO MANERAS DE TENER ACTITUD POSITIVA

Hay cinco maneras de fortalecer tu optimismo, la confianza en ti mismo y una actitud mental positiva:

1. Diseña una visión emocionante de tu futuro ideal, en el que nada te limite. El simple hecho de pensar en un futuro apasionante aumentará tu autoestima y mejorará la imagen que tienes de ti mismo. Imaginar una vida maravillosa te motivará y te hará sentir dichoso. Imagínate, visualízate ganando el doble de lo que ganas ahora. Luego hazlo con ganancias de tres, cinco y diez veces más.

   Visualízate viviendo una vida sensacional en todos los aspectos. Consigue algunas de las revistas que lee la gente rica, como *The Robb Report* o *Architectural Digest*. En ellas encontrarás fotografías de casas hermosas, yates, aviones, relojes, ropa y centros vacacionales. Lee las revistas y di: «Puedo hacerlo, puedo hacer esto. Voy a hacerlo».

   Visualízate en las fotografías de los anuncios, imagina que puedes vivir en una de esas casas, que puedes disfrutar de vacaciones como esa gente, viajar en yates y usar ropa de diseño. Cuanto más inundes tu mente con esas imágenes, más trabajará tu supraconsciencia en encontrar maneras de hacer tus sueños realidad.

2. Escribe tus planes y objetivos para el futuro, y trabaja en ellos todos los días. Earl Nightingale, el orador motivacional, decía: «La felicidad es la realización progresiva de un ideal digno de alcanzarse». Cuando percibes que estás avanzando hacia algo que te importa, te sientes feliz, poderoso y en control de tu vida. Lo que te genera esta motivación y sensación positiva, sin embargo, no es el hecho de llegar a ese destino, sino el movimiento y el impulso hacia adelante.

   Escribe tus objetivos usando las tres P: **positivo**, **presente** y **personal**. Es decir, para empezar, debes usar los verbos en

71

tiempo presente, porque tu inconsciente no puede asumir otros tiempos verbales. Escribe la meta como si ya la hubieras alcanzado. Por ejemplo: «Gano X dólares al año», «Peso X kilos y ese es mi peso permanente». Di las cosas como si fueran un hecho. Esto establecerá en tu inconsciente y tu supraconsciencia una dinámica que empezará a trabajar veinticuatro horas al día para que esa nueva orden se vuelva realidad.

En segundo lugar, enuncia siempre las metas en términos positivos. La mente supraconsciente no puede aceptar órdenes negativas, o sea, no puede decir: «No sigas siendo el obeso que eres». En lugar de eso, piensa: «Ahora peso X kilos de manera permanente». En lugar de decirte «No fumes más», di: «Soy una persona sana y con buenos hábitos».

En tercer lugar, recuerda siempre hablar en primera persona. Usa el pronombre «yo» y un verbo de acción. ¿Por qué? Porque tú eres la única persona que puede usar la palabra «yo» al referirse a sí mismo. Cada vez que lo hagas, tu inconsciente reconocerá que se trata de una orden que viene de la autoridad máxima: Yo gano, yo vendo, yo logro, yo dirijo, yo alcanzo. Cada vez que usas «Yo» y un verbo de acción, ejerces un fuerte impacto en tu comportamiento y lo modificas.

Otra manera de hacer que tus objetivos y metas trabajen a tu favor es escribiendo y reescribiéndolos cada mañana en un cuaderno, pero siempre haciendo uso de las tres P: positivos, personales, presentes. También puedes escribir cada meta en letras grandes en fichas y leerlas con frecuencia a lo largo del día. Lee una ficha, cierra los ojos e imagina que el objetivo se ha hecho realidad. Lleva contigo las fichas todo el tiempo y, cada vez que tengas un minuto libre, sácalas y lee tus metas. En cada ocasión, tu inconsciente fotografiará la orden y la imprimirá aún más en el fondo de tu ser.

Por último, cuando escribas y reescribas las metas, trata de recrear en tu interior el sentimiento que experimentarías al alcanzarlas y verlas hacerse realidad. Es decir, si intuyes que te sentirás orgulloso, imagínate sintiéndote orgulloso. Si intuyes que te sentirías confiado, amado, bien recibido, admirado… imagínate así. Sea cual sea el sentimiento, si lo puedes vincular a la meta u objetivo, en conjunto causarán un impacto mucho más fuerte en tu inconsciente y en la mente supraconsciente. Y, claro, verás los resultados más pronto.

3. Decide ser el mejor en tu trabajo. Decide formar parte del 10 % que está en la cima, haz de esto una meta. Nunca lo lograrás a menos que tomes la decisión de hacerlo. Cuando doy conferencias, le pregunto a la gente: «¿Cuántos de vosotros habéis decidido ser mediocres en vuestra carrera?», y nadie levanta la mano. Luego les explico lo siguiente: «¿Sabéis que en el cerebro hay un mecanismo automático que, si no decidimos ser excelentes, nos condena por defecto a la mediocridad?».

La gente se queda impresionada, y se inicia este diálogo:

—Yo quiero ser bueno en mi trabajo —dicen.

—Sí, pero ¿ya lo has decidido? ¿Lo has escrito en algún lugar? ¿Lo has establecido como meta? ¿Trabajas en ello todos los días? ¿Te evalúas de manera constante y les pides a otros retroalimentación para averiguar qué tal lo estás haciendo? —les pregunto.

—No, no hago nada de eso, pero quiero ser bueno en mi trabajo.

Permíteme decirte algo: eso no basta. Si quieres estar en el 10 % en la cima, tienes que ser clarísimo al respecto y debes trabajar hasta el cansancio y no parar hasta lograrlo.

La buena noticia es que, cada vez que des un paso para ser mejor en tu ámbito de trabajo, aumentará tu autoestima y la confianza en ti mismo, desbloquearás ideas y energía para lograr tus metas, y te sentirás motivado para ganarte el respeto, la estima y la admiración de las personas que te rodean. La recompensa radica en llegar a tu destino, pero, sobre todo, en el viaje.

Ahora te haré una pregunta: si fueras excelente en ella, ¿qué habilidad te ayudaría más a unirte al 10 % que está en la cima de tu sector? Cualquiera que sea esa habilidad, escríbela y haz una lista de todo lo que podrías hacer para desarrollarla. Luego trabaja todos los días en ello.

Recuerda que la compañera de la autoestima es la eficiencia. Cuando te comprometes a ser excelente, a llegar a ser muy competente en lo que haces, te gustas más a ti mismo y tienes un mejor desempeño en todas las áreas.

4. Afronta de manera eficaz los problemas y los obstáculos. La vida es una serie interminable de dificultades, como las olas del mar que no dejan de romper en la playa. Henry Kissinger dijo: «Lo único que consigues cuando resuelves problemas es la autoridad necesaria para resolver problemas aún más complejos». Tu capacidad de afrontar de manera eficaz los obstáculos que se presenten es la clave del poder personal, de la autoestima y de la confianza en uno mismo. Te enfrentes a lo que te enfrentes, empieza siempre diciéndote: «Yo soy el o la responsable». Asume el control y céntrate en la solución

en lugar de en el problema, es decir, piensa en lo que se puede hacer en lugar de obsesionarte con lo que ha sucedido. Piensa de manera positiva en las acciones que puedes iniciar de inmediato para resolver la situación. Al parecer, hay una relación directa entre las acciones positivas y constructivas, y la confianza en uno mismo.

5. Mantente ocupado todo el día trabajando en tus metas. Decide hoy mismo que iniciarás un periodo de veintiún días de actitud mental positiva. Piensa que para desarrollar un hábito nuevo con un nivel mediano de complejidad se necesitan veintiún días. Si te pones «a régimen» de actitud mental positiva, asumirás el control total de tu presente y tu futuro. Durante este periodo proponte pensar y hablar sobre lo que deseas. Di: «De acuerdo, después de veintiún días, podré volver a lo de antes, pero durante este tiempo solo hablaré de lo que quiero en la vida. Solo pensaré en las acciones que puedo poner en marcha para lograr lo que me he propuesto». Y mientras tanto, también niégate a criticar, quejarte o a culpar a otros de cualquier cosa. Niégate a hacerlo.

Si llevas a cabo estos pasos, en veintiún días te habrás programado de por vida. Habrás establecido en tu cerebro toda una serie de rutas neuronales que te permitirán pensar de forma positiva todo el tiempo. Sucederá de una manera sencilla y automática. El poeta y filósofo alemán Goethe decía: «Todo es difícil antes de volverse sencillo».

¿Es fácil convertirse en una persona positiva, centrada en avanzar y con un alto nivel de energía? No. Sin embargo, puedes aprender a hacerlo a través de la práctica y la repetición. Tus nuevos hábitos para pensar y actuar de manera positiva se volverán automáticos. Por la mañana te despertarás gustándote a ti mismo y amando tu trabajo. A lo largo del día pensarás: «Puedo hacerlo. Puedo hacer cualquier cosa en la que me concentre». Cada vez que se presente una dificultad, pensarás: «Yo soy el responsable. Tengo el control de mi vida». En resumen, serás una persona positiva y controlarás tu mente y tus emociones por completo.

4

Cómo influir en otras personas

Los pasos fundamentales del plan Fénix tienen que ver contigo: con que asumas el poder de tu mente, determines qué quieres en la vida y dirijas tu atención a ello. Ahora nos centraremos en otro elemento esencial del éxito: las otras personas.

Aproximadamente el 85 % de tu éxito lo determinará tu capacidad de comunicarte de manera eficaz con otros. Casi todo lo que logres estará relacionado de alguna manera con otras personas. Tu felicidad y resultados dependen el 85 % de la gente y, por lo tanto, la calidad en tu forma de comunicarte definirá tus relaciones de todo tipo y tu nivel de vida. La buena noticia es que la comunicación es una habilidad que se puede aprender y en la que se puede mejorar con la práctica.

CINCO METAS PARA TUS INTERACCIONES

A continuación encontrarás las cinco metas más importantes en tus interacciones con los demás:

1. El hecho de gustar a la gente y que te respeten ayudará a reforzar y validar la imagen que tengas de ti mismo. Lo que los otros sienten y piensan sobre nosotros afecta en gran medida a la manera en que nos percibimos y a cuánto nos gustamos. Todo depende también de las ideas que tengamos acerca de cómo nos ven los que nos rodean. Si pensamos que caemos bien y que la gente nos respeta, nos respetaremos más a nosotros mismos, trabajaremos mejor, obtendremos mejores resultados y nos llevaremos mejor con los demás.

2. Para fortalecer tu autoestima y la noción que tienes de tu valía, es importante que la gente sienta que eres valioso e importante. Nuestra autoestima es tan frágil como una pieza de vidrio veneciano. La gente puede fortalecerla o debilitarla con lo que haga o deje de hacer, con lo que diga o no diga. Lo que buscamos es que otros la validen, que nos hagan sentir valiosos.

3. Para vender nuestros productos, servicios e ideas a otros, necesitamos convencerlos para que opinen como nosotros.

   ¿Por qué tu capacidad de persuadir a otros es indicador de que tienes una personalidad bien integrada? La gente con una gran personalidad suele ser persuasiva, en tanto que la gente con poca personalidad no sabe convencer.

   Si trabajas en ventas o te dedicas a los negocios, es esencial que tengas la habilidad de persuadir a otros. Es fundamental para que logres que los bancos te presten dinero, para que los clientes compren tu producto y los proveedores te den crédito.

4. Necesitas lograr que la gente cambie de opinión y coopere contigo, que te ayude a alcanzar tus metas.

5. Necesitas ser asertivo y eficaz en todas tus relaciones, ya sean personales o profesionales.

Todas estas claves también pueden aplicarse para tener éxito en la vida, el amor y el liderazgo.

LA INTELIGENCIA EMOCIONAL

En 1995 el psicólogo Daniel Goleman publicó el innovador best seller *Inteligencia emocional*. En él argumentó que el coeficiente emocional (CE), es decir, el nivel de tu inteligencia emocional, era más importante que el coeficiente intelectual (CI). Llegó a la conclusión de que la habilidad para persuadir a otros era la forma más sofisticada de inteligencia emocional que se podía desarrollar, y que representaba la verdadera medida de lo eficaz que era uno como persona.

Pero entonces, ¿cómo transmitir tus ideas, lograr que la gente coopere contigo y desarrollar las capacidades necesarias para influir, persuadir y comunicarse con otros? Lo primero que debes entender es que la gente hace cosas por razones que le conciernen de manera personal, no por ti. Para comunicarte con eficacia y persuadir, debes averiguar cuáles son esas razones.

La siguiente clave es salir de ti mismo y entrar en la mente, el corazón y el contexto de la otra persona. Céntrate en sus necesidades y deseos en lugar de en los tuyos. Mi amigo Ed Foreman solía decir: «Si puedes ver al señor Joe Jones a través de la mirada de Joe Jones, le podrás vender las cosas que Joe Jones suele comprar». Trata todo el tiempo de ver la situación desde la perspectiva de la otra persona.

Antes de participar en una negociación o venta importante, yo solía sentarme y escribir una lista de todas las cosas que la otra persona deseaba o necesitaba lograr en esa negociación. Después me preguntaba de qué manera podía estructurar mi oferta o presentación para que atendiera a dichas necesidades. Cada vez que lo hacía, obtenía resultados fabulosos. Empieza pensando en la otra persona, te sorprenderá lo mucho que mejorarás como comunicador.

La tercera manera de persuadir a otros consiste en recordar que solo lo lograrás si creen que puedes hacer algo por ellos, o que puedes evitar que les suceda algo malo. Dicho de otra forma, la gente es bastante egoísta. En cuanto los otros te ven, piensan: «¿Qué puede hacer esta persona por mí o para mí?» o «¿Qué puede impedir esta persona que me hagan otros?».

A la gente la motivan dos factores principales. En primer lugar, el deseo de ganar u obtener algo. Todos quieren más. A lo largo de seis mil años, desde que se fundaron los primeros mercados en la antigua Sumeria, los clientes solo han comprado una cosa: mejora. Compran algo porque sienten que, en cuanto lo tengan, su situación mejorará. Las personas desean beneficios físicos, materiales, financieros o emocionales. Orgullo, seguridad, tranquilidad, riqueza, valor, crecimiento, ganancias.

La segunda motivación es el miedo a la pérdida. Puede tratarse de un peligro o una pérdida física, de inseguridad, pérdida material o financiera, emocional, amorosa, de afecto o respeto. Estas dos fuerzas compiten en la mente de toda la gente con la que te comunicas y, en ambos casos, tu trabajo consistirá en persuadirla de que, si coopera contigo, su situación mejorará.

Te diré algo: en el contexto de lo que motiva el comportamiento humano, el miedo a la pérdida es 2,5 veces más poderoso que el deseo de obtener beneficios. Si vas a presentar un producto o servicio, muéstrale al cliente potencial de qué manera se beneficiaría si lo adquiere, pero también háblale de las pérdidas que sufriría si no lo hace. Desencadena ambas motivaciones: el deseo de obtener beneficios y el miedo a la pérdida.

Todo depende de la percepción. La manera en que la gente te perciba, es decir, si nota que puedes ayudarla o lastimarla de alguna manera, definirá en gran medida cómo te tratará. Por ejemplo, quizá hables con alguien y tengas la sensación de que esa persona no podría hacer nada ni para ayudarte ni para lastimarte, es decir, que es irrelevante. Pero entonces alguien se acerca y dice: «Ah, por cierto, ¿ya conoces a fulanito? Es un cliente potencial. Podría adquirir un millón de dólares de tu producto. En este momento está explorando el mercado y le urge hacer una compra». Y de pronto tu percepción respecto a esa persona se transforma.

Todo comportamiento humano se basa en el factor de la conveniencia, es decir, la gente siempre se esfuerza por obtener las cosas que desea de la manera más rápida y sencilla posible, sin preocuparse realmente de las consecuencias de sus actos a largo plazo. Dicho de otra forma, la gente es perezosa, codiciosa e impaciente. Todos quieren algo y lo quieren ya. A veces lo quieren «para ayer», y las implicaciones a largo plazo no les interesan en absoluto. Una de las cualidades que más les cuesta a los padres desarrollar en sus hijos es la capacidad de mirar a largo plazo, es decir, considerar qué implicaciones tendrá en el futuro lo que hagan en el presente. La gente dice: «Quiero una rebanada de pastel de queso», pero nunca considera cuánto tiempo tendrá que hacer ejercicio para deshacerse del tejido adiposo que desarrollará por culpa de ese antojo.

Lo que más motiva a la gente es encontrar maneras rápidas, fáciles e indoloras de obtener lo que desea. Por esta razón, tu misión consistirá en hacer que tu idea o propuesta parezca la manera más inmediata y fácil de que tu cliente potencial cumpla sus metas personales y de negocios. Si no le puedes mostrar que la manera más sencilla y rápida de llegar adonde desea consiste en hacer lo que le propones, entonces es muy posible que no acepte tus recomendaciones.

CUATRO CLAVES PARA LA PERSUASIÓN

Existen cuatro claves para la persuasión; las llamamos las cuatro P. La primera es el **poder personal**. Cuanto más vea la gente que tienes poder sobre otros, sobre el dinero o los recursos, más fácil te será persuadirlos. Si el presidente de Estados Unidos se acercara a ti y te pidiera que hicieras algo, estarías mucho más dispuesto a hacerlo que si te lo pidiera un camarero. Esto sucede porque todos percibimos el poder personal que tiene el presidente sobre la gente, el dinero y los recursos.

La segunda clave de la persuasión radica en el **posiciona-miento**, es decir, en la manera en que la gente piensa y habla sobre ti, en la reputación que tengas entre aquellos a quienes tratas de persuadir. Cuando tu reputación es excelente porque eres una persona competente, generosa, honrada o adinerada, o porque eres experto en tu área, tu influencia es mucho mayor.

La tercera clave de la persuasión consiste en el **poder del desempeño**, es decir, las dotes y capacidades que tengas en tu ámbito de trabajo. Contar con una buena reputación porque posees experiencia y conocimientos te permitirá persuadir a otros y convencerlos para que adopten tu punto de vista con más facilidad que si sintieran que, en realidad, no sabes mucho más que ellos.

La cuarta clave radica en convertirte en **persona grata**. Con esto me refiero a que seas amable, bien educado, cortés y respetuoso siempre que trates con otros. La necesidad más profunda que tiene la gente es, quizá, la de sentirse importante y valiosa, y si tú logras satisfacer ese anhelo, las personas serán mucho más receptivas a tu persuasión y a tus intentos por comunicarte.

De acuerdo con la psicología, el factor de influencia más poderoso radica en el agrado. Cuanto más le gustes a la gente, más abierta se mostrará a dejarse persuadir e influir por ti. Esta es la clave de una comunicación eficaz.

CÓMO HACER QUE LA GENTE SE SIENTA IMPORTANTE

Como ya he mencionado, la herramienta más simple de la comunicación radica en lograr que la gente se sienta importante. Existen cinco maneras de lograrlo, y siempre digo que se trata de las cinco A.

La primera A es la **aceptación**. La práctica de la aceptación satisface una necesidad profunda e inconsciente. Todos necesitamos sentirnos aceptados por quienes nos rodean, ya sea en el trabajo, en casa o entre la gente nueva que conocemos. Es algo que todos esperamos. Siempre que dos personas se conocen, lo primero que se establece es cierto nivel de aceptación.

Expresar que aceptas a otros es muy sencillo: sonríes y muestras que te alegras de verlos. Cuando no he ido a la oficina en una o dos semanas, lo primero que hago al volver es acercarme a saludar a cada persona a su lugar de trabajo, como un colibrí que va de flor en flor. Sonrío a cada colaborador y le digo: «¿Cómo estás? Me alegro mucho de verte. Qué bien estar de vuelta». Saludo a todos de manera individual, les doy su lugar y les transmito que son parte importante de nuestra empresa. Tú puedes hacer lo mismo.

Por cierto, cada vez que veas a un miembro de tu familia, como tu esposa, tu marido, tu hijo o hija, sonríe y di: «¡Vaya! ¡Pero si eres tú!». Es decir, muéstrales que estás feliz de verlos. Esta actitud tendrá un impacto sumamente positivo, se sentirán importantes, y servirá para que se muestren más receptivos a tu influencia.

La segunda A es el **aprecio**. Es muy fácil expresar aprecio: solo tienes que agradecerle a la gente todo lo que haga por ti, tanto si es algo grande como pequeño, agradécelo siempre. Cuando un camarero te traiga un vaso de agua, di gracias. Si alguien se hace a un lado para dejarte pasar, di gracias. Cuando alguien escriba una carta por ti o te acompañe hasta la sala de juntas para reunirte con un cliente, di gracias.

Cuanto más digas «gracias», más aumentarás la autoestima de la otra persona. Ayudarás a los otros a sentirse más valiosos e importantes, a gustarse más a sí mismos. Los verás brillar y notarás que tú también les gustas más. Créeme, decir «gracias» nunca está de más.

Como he viajado a muchos países del mundo, en una ocasión un amigo me escribió para decirme que iba a ir a Extremo Oriente y que si podría darle algún consejo que le sirviera para desenvolverse de manera adecuada. Solo le dije: «Recuerda que la gente con la que tratarás gana menos que tú, muchísimo menos de lo que te imaginas. En realidad, no tienen nada, lo único de valor que poseen es ellos mismos, así que, si reconoces ese hecho, tendrás un viaje maravilloso. ¿Cómo reconocerlo? Diciendo "por favor" y "gracias" en el idioma del país. Cada vez que interactúes con alguien, sonríe y di "por favor" y "gracias". Si te hacen un favor o tienen una atención, expresa tu gratitud. Tu viaje será extraordinario».

Dos meses después, mi amigo me escribió para decirme que mi consejo era el mejor que había recibido en su vida. No podía creerlo. Adondequiera que había ido, incluso al encontrarse con personas reservadas o poco amigables, cada vez que decía «por favor» y «gracias», obtenía todo lo que necesitaba o quería. Le habían dado mejores habitaciones de hotel, mejores mesas en los restaurantes, en fin… Y todo por transmitir a los otros que eran importantes.

La tercera A es la **admiración**. Siempre que hables de los rasgos, logros y posesiones de otras personas, haz halagos sinceros. A todos nos gustan los halagos, hacen que nos sintamos importantes y valiosos.

Si alguien es puntual, por ejemplo, di: «¿Sabes? Eres la persona más puntual de la empresa». Si alguien es persistente, di: «¡Vaya! ¡Qué persistente eres! Nunca te das por vencido». Solemos sentirnos muy orgullosos de los rasgos de nuestro carácter, tal vez porque es algo que cuesta mucho tiempo desarrollar. Si alguien logra algo, si se gradúa en la universidad, termina una carrera u obtiene un certificado, admíralo y di: «¡Vaya, genial! Debes de estar muy orgulloso de tu logro. Seguramente requirió mucho esfuerzo». La gente que haya invertido una gran cantidad de horas para lograr algo se sentirá muy feliz consigo misma.

Por último, las pertenencias, y en especial, las prendas de ropa. Cuando halagues a alguien por su pelo o por su ropa, por ejemplo, a un hombre por su camisa o sus zapatos, o a una mujer por su vestido, bolso o peinado, notarás un brillo en su mirada. Es porque se sentirán valiosos. Su autoestima aumentará, se gustarán más a sí mismos y se sentirán más contentos cuando estés cerca. Reconocer y señalar algo que merece un cumplido solo te llevará unos segundos.

La cuarta A es la **aprobación**. Uno expresa su aprobación cuando alaba los logros, ya sean modestos o enormes. De acuerdo con la psicología, la autoestima es el grado en que una persona se siente digna de ser halagada. Cuando alabas a alguien porque ha hecho un buen trabajo, por resultados que ha obtenido o por cualquier otra cosa que le haya exigido un esfuerzo, haces que se sienta satisfecho de sí mismo, y su autoestima aumenta.

La clave radica en ser oportuno y específico al hacer el cumplido. Si una secretaria mecanografía una carta, no le digas: «Eres una excelente secretaria», sino: «Qué carta tan profesional», y hazlo en cuanto termine de hacerla. Trata de que tus cumplidos sean inmediatos porque, cuanto menos tiempo pase después de la acción, más probable será que la persona repita el comportamiento.

Los halagos tardíos o aplazados tienen muy poco impacto en las emociones y el comportamiento de las personas. Si esperas una semana o un mes para hacer un cumplido, será muy tarde. En ese momento, la persona habrá olvidado el contexto y solo se sentirá confundida. Haz los cumplidos de inmediato. Cada vez que me entero de que alguien ha hecho algo digno de celebrarse, lo llamo por teléfono, o envío un correo electrónico o un mensaje de texto.

La última A es la **atención**. Con esto me refiero a escuchar a la gente cuando habla. Es una técnica muy poderosa. Cuando escuchas a los demás, los ayudas a sentirse bien. Se sienten valiosos e importantes, y, al igual que las flores, se abren a tu influencia y se dejan persuadir de lo que quieras.

Todos estos comportamientos aumentan la autoestima de la otra persona; la sensibilizan respecto a tus ideas y a la posibilidad de ayudarte a alcanzar tus metas.

LA MAGIA BLANCA DE ESCUCHAR

La clave del liderazgo, la persuasión y la buena comunicación radica en escuchar con eficacia. Es algo tan poderoso, que parece magia blanca, y por eso debes conocer las cuatro claves para saber escuchar:

1. Escucha con atención, inclínate hacia delante y no interrumpas. Cuando escuchas con atención, aumentas la autoestima de la otra persona y haces que se sienta importante, feliz y valiosa. Su cerebro empieza a liberar endorfinas, y eso hace que le alegre estar cerca de ti. Escuchar con eficacia y sin interrumpir puede ayudarte a lograr grandes cosas.

    Siempre que escuches a otra persona, imagina que tus ojos son como lámparas solares y que quieres darle a tu interlocutor un bronceado facial. Cuanto más te concentres en escuchar, más poderosas serán las lámparas de tus ojos, y mejor será el bronceado. Recuerda que deberás cubrir todas las superficies, es decir, presta atención a la parte superior e inferior del rostro, mira la boca y los ojos de la persona. Asiente y sonríe. Esto tendrá un efecto enorme en quien habla, hará que se sienta bien consigo mismo, pero también servirá para que le gustes más.

2. Haz una pausa antes de contestar. Es decir, cuando tu interlocutor se detenga un momento para respirar, no empieces a hablar de inmediato, permite que haya silencios en la conversación.

    Esto te dará tres ventajas. En primer lugar, evitarás el riesgo de interrumpir a la persona en caso de que solo haya hecho una pausa para reorganizar sus pensamientos. En segundo vez, podrás escuchar a un nivel más profundo. Cuando te detienes un instante y, en lugar de saltar a hablar, escuchas con atención, en realidad entiendes mucho mejor lo que dice la otra persona. La tercera ventaja es que hacer pausas le indica a la otra persona que consideras que sus palabras son importantes y, por extensión, que la consideras valiosa.

3. Preguntas para clarificar. Nunca des por sentado que sabes lo que ha querido decir la otra persona. Si tienes alguna duda, di: «Y, exactamente, ¿a qué te refieres?». Siempre que hagas esta pregunta, la otra persona explicará un poco más lo que acaba de decir. Después, haz otra pausa y añade: «¿Qué quieres decir con eso?». Una vez más, la persona se extenderá y hablará más. En ocasiones, puedes pasar toda una conversación repitiendo esta pregunta.

Otra cosa que puedes preguntar es: «¿Y luego qué hiciste?». Si la persona te está contando algo que sucedió, en algún momento hará una pausa para ver si de verdad estás interesado. Entonces di: «¿Y luego qué hiciste?», y escucha con atención la respuesta.

La tercera pregunta es: «¿Y cómo te sentiste?». La gente siempre responderá a una pregunta sobre sus sentimientos. Es decir, cuando preguntas: «¿Cómo te sientes hoy?», siempre recibirás una respuesta, así que puedes preguntar: «¿Qué te parece el contrato?» o «¿Cómo te sientes en tu nuevo vecindario?». Dado que el interlocutor seguramente responderá, tendrás la oportunidad de asentir y escuchar.

La persona que hace las preguntas tiene control sobre la que responde, por lo que, cuantas más preguntas hagas, más control tendrás sobre la conversación.

4. Da retroalimentación sobre lo que has escuchado y parafraséalo. Esta es la prueba de fuego de quien escucha. Cuando tu interlocutor termine de hablar, di: «Déjame ver si entiendo lo que has dicho» u «O sea, me estás diciendo que...». Parafrasea sus comentarios hasta que te diga: «Sí, eso es. Eso es lo que me preocupa. Eso es lo que trataba de decir».

Esto le demostrará a la otra persona que estabas escuchando, que no eres como uno de esos perritos de adorno que van cabeceando en la parte de atrás del coche. Estás escuchando con atención lo que dice tu interlocutor, y eso le demuestra que te importa lo que diga, y también que te importa él o ella como persona.

CREDIBILIDAD

El término más importante en lo que se refiere a la persuasión, la influencia y la comunicación eficaz es **credibilidad**. ¿Cuánto le gustas a una persona? ¿Hasta qué punto confía en ti y cree en lo que le dices? Todo depende de tu credibilidad y, en este sentido, debes recordar que todo cuenta. Es decir, todo puede ayudar o perjudicar, todo le suma o le resta a tu credibilidad, la gente no ignora ni deja pasar nada por alto.

La clave para que confíen en ti radica en ser una persona digna de confianza, así que cumple tus promesas. Haz lo que has dicho que harías, llega a las reuniones con puntualidad y créate la reputación de que eres una persona honesta y fiable. La gente le comprará y le pagará más a una empresa fiable que a una que ofrezca productos o servicios mejores y más baratos pero que no sea digna de confianza.

Para comunicarte con eficacia con los demás, también debes tener la apariencia de un ganador. El 95 % del pensamiento es visual, es decir, los otros piensan en ti como si te vieran en una fotografía, y solo se tarda cuatro segundos en causar una primera impresión. Cuando una persona te ve por primera vez, toma de ti una especie de fotografía instantánea mental. Parpadea, y en su mente se plasma la primera impresión. Solo son necesarios treinta segundos para que esta impresión se grabe.

Dicho de otra forma, en cuanto la otra persona se crea una primera impresión de ti, en su mente, la imagen empieza a fraguar como si fuera cemento secándose a toda velocidad. Si no cambias esta impresión en los primeros treinta segundos, se le fijará en la mente. Una vez que la impresión se grabe, la otra persona llevará a cabo una acción que se llama «percepción selectiva» y que consiste en buscar razones para justificar y validar esa impresión. Es decir, buscará datos que le ayuden a confirmar lo que ya ha decidido y, al mismo tiempo, rechazará toda la información que lo contradiga.

Insisto, vístete para triunfar. Tu ropa equivale al 95 % de la primera impresión que causes en otros. Incluso en los días calurosos, la ropa cubre el 95 % del cuerpo.

Cuando yo era un joven vendedor, me compré un traje barato que no me quedaba bien. También compré una corbata, pero, como en mi familia nadie había usado nunca esta prenda, no sabía nada al respecto.

Un día, un vendedor de mayor edad me llevó a un lugar apartado para hablar conmigo a solas.

—Disculpa, Brian, ¿podría hacerte una recomendación sobre tu forma de vestir? —dijo con mucho tiento, porque la mayoría de la gente es muy sensible respecto a su ropa y arreglo personal.

—Por supuesto, ¿ve usted algo que pueda yo mejorar? —le pregunté.

—Sí. Permíteme hablarte un poco sobre las reglas para vestir de forma correcta en los negocios —contestó.

Entonces el vendedor empezó a hablar sobre la caída de un traje, el corte y las costuras, cómo combinar una corbata con el traje y la camisa, el largo de los pantalones y el color de los calcetines y los zapatos. Yo estaba anonadado, no podía creer todo lo que había que tener en cuenta. Poco después, el vendedor me presentó a un sastre de precios moderados, y encargué mi primer traje a medida.

En un estudio que apareció en la revista *Psychology Today*, la gente que veía durante tres segundos fotos de hombres con trajes hechos a medida los describía como «más seguros de sí mismos, exitosos y flexibles», y también comentaba que parecían ganar más que los hombres que vestían trajes de confección.

La diferencia entre el traje común y corriente que yo tenía y el que me hicieron a medida era asombrosa. Después de eso, fui a una librería, compré todos los libros que pude sobre el tema de cómo vestir adecuadamente, y también pedí consejo a expertos en la materia. Ahora, cuando imparto seminarios, hay gente que se acerca y me dice: «¿Sabe? Soy asesor de imagen y cobro entre quinientos y mil dólares diarios por aconsejar a la gente sobre cómo vestirse, y usted lo hace de manera impecable». Vestir de la mejor manera posible te permite crear una impresión magnífica en la gente.

La vestimenta también es importante para las mujeres de negocios, hasta el punto de que existe una organización internacional sin ánimo de lucro llamada Dress for Success, en honor al famoso best seller de John Molloy. Esta organización tiene como objetivo empoderar a las mujeres y ayudarlas «a alcanzar la independencia económica a través de una red de apoyo, vestimenta profesional y herramientas de desarrollo que les permitan prosperar en la vida y en lo profesional».

Consigue y lee libros y artículos sobre cómo vestir bien, de acuerdo con tu negocio u ocupación. Hay algunas prendas, colores y combinaciones que causan admiración de inmediato. Otras elecciones, en cambio, conseguirán que te miren con desprecio y desconfianza.

Fíjate en la gente más exitosa y respetada de tu alrededor, y conviértela en tu modelo. Copia su manera de vestir y arreglarse. También te sugiero que leas revistas de negocios. Fíjate en las páginas donde aparecen las fotografías de gente que acaba de obtener puestos de mayor responsabilidad y relevancia. Observa cómo visten. Constatarás que, tanto hombres como mujeres, están espectaculares.

El paso vertiginoso de nuestros tiempos ha transformado la manera de vestir. En décadas recientes, muchas profesiones se han ido alejando del traje y la corbata como atuendo estándar para los hombres, y han permitido que los empleados vistan de manera más informal, con pantalones holgados, zapatos de vestir, camisas sin corbata y chaquetas deportivas. En el caso de las mujeres, por lo general se lleva blusa, falda o pantalón de vestir, y zapatos con tacones cómodos o planos. Por supuesto, los estilos pueden variar muchísimo entre los distintos sectores y profesiones, por lo que tendrás que observar a la gente que admiras y tratar de captar algunas pistas en la forma en que visten.

De ahora en adelante, vístete siempre para el empleo que desees tener. Viste de tal manera que tu jefe se sienta orgulloso de presentarte a los clientes o a cualquier persona que visite la empresa. Viste siempre pensando en que te encuentras en una etapa de tu vida más tardía que en la que te hallas en ese momento. Usa de modelo a la gente a la que admiras: copia su forma de vestir y de arreglarse. Recuerda que las aves del mismo plumaje vuelan juntas, y que los ejecutivos solo ascienden a quienes tienen el mismo aspecto que ellos.

Venderle algo a alguien en realidad es como darle un consejo, así que vístete como se vestiría alguien con autoridad para sugerirle qué hacer: como su banquero, abogado o contable. La preparación es un elemento muy poderoso para comunicarse y fortalecer la credibilidad.

PREPARACIÓN Y FIABILIDAD

Antes de cada reunión, haz los deberes. La gente siempre se da cuenta de inmediato si estás bien preparado para una junta o presentación. Por eso, cuando entras en una sala y dices: «Muchas gracias por su tiempo, he dedicado unos minutos a estudiar su web y me ha asombrado ver que llevan doce años en el negocio, tienen 127 empleados y son el mayor distribuidor en el mercado de este producto o servicio. ¿Cómo lo han logrado?», tu credibilidad aumenta de inmediato.

Tu credibilidad puede dispararse hasta el cielo porque la gente dirá: «¿Cómo? ¿Ha hecho una investigación, ha analizado nuestro sitio y ha averiguado cosas sobre nosotros antes de venir?». Recuerda que la información es una de las armas más poderosas para vender y persuadir.

Por otra parte, si no estás preparado, la gente también se da cuenta de inmediato. Si llegas y dices: «Bueno, ¿y a qué han venido? ¿Cuánto tiempo llevan en este negocio? ¿A qué se dedica su empresa?», tu credibilidad se desmoronará. Pero no te preocupes, yo también hacía así las cosas cuando era joven.

Una regla esencial de la preparación para una reunión es no hacerle a tu interlocutor ninguna pregunta cuya respuesta se pueda encontrar con facilidad en algún lugar. Dale Carnegie, autor de *El poder del pensamiento positivo*, solía decir que tienes que ganarte el derecho de dirigirte a un cliente, y que ese derecho se gana haciendo los deberes antes de reunirte con él o ella.

En los negocios, siempre que quieras influir en alguien tendrás que recurrir al principio de la conveniencia. La gente puede comprar o negarse a comprar, todo depende de si llega a la conclusión de que, en efecto, la que le ofreces es la manera más rápida y eficaz de obtener lo que desea en ese instante.

La simpatía es el factor más importante para la comunicación eficaz en los negocios. Cuanto más le gustes a la gente, más abierta estará a comprarte. La credibilidad y la confianza son las razones más poderosas para dejarse persuadir por otra persona, así que piensa siempre de qué manera podrías ser más creíble y digno, o digna, de confianza.

Se ha dicho que la habilidad más valiosa en el ámbito de los negocios es la fiabilidad y, en este caso, si quieres influir en la gente y que confíe en ti, necesitarás pruebas. A los clientes potenciales les gustará saber que hay otros que han aceptado ya tu idea o producto y están satisfechos.

Existe un concepto que influye muchísimo en la forma en que tomamos decisiones: «los iguales», o sea, personas que se parecen a nosotros. Cuando le hagas una llamada de ventas a un médico, deberás decir: «Muchos otros médicos ya están usando este producto y obteniendo excelentes resultados». Esto aumentará de inmediato tu credibilidad y hará que el médico se sienta dispuesto a conocer más sobre lo que le ofreces. Si hablas con un conductor de camiones, deberás decirle que muchos otros como él ahora usan el producto por tal razón. Si hablas con un agente inmobiliario, hazle saber que otros agentes usan siempre lo que le estás ofreciendo a él ahora.

En otras palabras, cada vez que hables con alguien deberás hacer referencia a otra persona de su industria y ramo que también use tu producto. Trata de obtener cartas de los clientes satisfechos, consigue listas de nombres de gente en ámbitos similares, y también fotografías de gente que use tu producto o servicio en un campo similar.

Puedes crear el deseo de compra centrándote en los beneficios y tratando siempre de responder a esta pregunta: «¿Y yo qué obtengo con esto?». Es una pregunta a la que tendrás que responder sin cesar, así que prepárate para explicar las distintas maneras en que la persona mejorará su situación usando tu producto o servicio. Muestra siempre a los clientes potenciales los cambios beneficiosos que afectarán a su vida o desempeño profesional si aceptan tus sugerencias.

DIFERENCIAS DE GÉNERO

En lo referente a la comunicación, la persuasión y la influencia, existen varias diferencias entre los hombres y las mujeres. Aunque siempre hay excepciones, se podría decir que los hombres suelen ser directos y las mujeres indirectas. Los hombres son como jabalinas y las mujeres como los boxeadores, es decir, se mueven en círculos alrededor de un tema. Los hombres quieren recomendaciones, las mujeres prefieren elegir entre una selección.

En las ventas, por ejemplo, si estás hablando con un hombre puedes decir: «Aquí tiene tres opciones, pero, con base en la información que me ha dado, le recomiendo esto por las siguientes razones…». Si hablas con una mujer, puedes decirle: «Aquí tiene tres opciones; estas son las ventajas y las desventajas. ¿Qué prefiere?». A las mujeres les gusta elegir y los hombres prefieren guiarse por una recomendación.

Otra de las diferencias en la comunicación entre los hombres y las mujeres es que los hombres usan la menor cantidad posible de herramientas. Las mujeres usan las palabras para vincularse, nutrir y construir relaciones, mientras que los hombres prefieren tomar decisiones prácticas. Las mujeres prefieren escuchar a sus emociones y se toman más tiempo para decidir. A los hombres los motiva el éxito, el estatus, el poder, los resultados y los logros, y a las mujeres les preocupa la familia, los niños, los amigos y las relaciones personales.

A los hombres les gusta hablar de deportes, negocios y política; las mujeres prefieren hablar de gente, relaciones y emociones. Si alguna vez asistes a un evento social en el que haya dos o tres parejas, notarás que tanto hombres como mujeres pasan tiempo con el grupo de su sexo, y de inmediato empiezan a hablar de los temas mencionados. Sucede de forma natural.

Cada vez que salgo a cenar con, digamos, tres parejas, siempre busco la manera de que las mujeres se sienten juntas y los hombres también. A veces la gente cuestiona este método.

—Pero ¿por qué no sentar juntas a las parejas?

—Uno ya pasa demasiado tiempo con su pareja. Mejor dejemos que las mujeres se sienten juntas: comenzarán a hablar de inmediato sobre temas que les interesan, y lo mismo sucederá con los hombres. Al final, ambos grupos lo pasarán bien.

Otro dato interesante: los hombres no pueden centrarse en varias cosas al mismo tiempo. Las mujeres, en cambio, pueden hablar, escuchar, interactuar y hacer otras cosas de manera simultánea.

Para llevarse mejor con las mujeres, los hombres necesitan hacerles más preguntas, escuchar con más atención y ofrecerles menos sugerencias o soluciones. Una mujer puede acercarse a un hombre y decirle: «He tenido este problema en el trabajo, sucedió tal cosa… ¿Qué opinas?».

Y, sin embargo, en realidad, ella ya ha decidido lo que va a hacer al respecto. Solo desea entablar una conversación porque a las mujeres les gusta hablar con el hombre con quien comparten su vida. Usan este tipo de situaciones para poner en marcha el motor e iniciar el diálogo, pero lo último que buscan es una solución.

Los hombres contestarán con una solución específica y volverán a concentrarse en el televisor, y eso no es lo que quiere la mujer. Lo que desea es hablar y que le pregunten: «Oh, ¿y cómo sucedió? ¿Qué crees que deberías hacer?». Una mujer podría preguntar algo como: «¿Crees que debería ponerme estos pendientes o aquellos? ¿Qué crees que combina mejor con mi vestido? ¿Qué zapatos debería ponerme? ¿Estos o los otros? ¿Cuáles te gustan más?». Y si dices: «Me gustan los marrones», te contestará: «Creo que mejor me pondré los beige». Ella ya sabe qué se va a poner, así que solo se trata de devolverle la pregunta. Solo quiere hablar. En lugar de ofrecerle sugerencias o soluciones, hazle preguntas y pídele su opinión.

Para llevarse mejor con los hombres, las mujeres necesitan ser más directas y claras respecto a lo que desean, y pedir ayuda o participación. Ellas pueden leer la mente, los hombres no. Todo hombre ha escuchado la siguiente respuesta al llamar a casa y decir simplemente «Hola». «¿Qué ha pasado? ¿Has discutido con tu jefe?». Ella puede atar todos los cabos con solo escuchar ese «Hola». Es como la famosa frase de la película *Jerry Maguire* que dice la protagonista: «Me ganaste desde que dijiste "Hola"». Ella lo supo todo con solo escuchar esa palabra. Las mujeres son así.

Por cierto, uno de los problemas que surgen entre las mujeres y los hombres es que, cuando ellas interactúan entre sí, pueden leerse la mente y saber qué están pensando y sintiendo. Las mujeres son muy sensibles y responden de manera adecuada, y por eso esperan que los hombres sean de la misma forma, pero no, no somos así, no estamos construidos de esa manera. Las mujeres a veces se muestran resentidas y dicen: «¿Por qué no reacciona de la manera correcta? Ni si quiera lo intenta». Pero no, no reaccionamos como esperan porque no podemos, y es esencial que comprendan esto.

Los hombres no piensan mucho en las relaciones ni en la comunicación. Las mujeres, en cambio, sí. Es una diferencia fundamental. Los hombres tienen una vida interior muy simple, la de ellas es muy compleja. Si pudiéramos analizar a un hombre y a una mujer que ven la televisión juntos, sentados en un sofá, veríamos que el cerebro de él tiene desconectado el 80 % de su capacidad, como sucede con las luces de un edificio de oficinas por la noche. En cambio, si le realizáramos un encefalograma a ella mientras ve el mismo programa, constataríamos que tiene activado el 80 % de su cerebro. Se activaría y desactivaría por momentos porque estaría pensando en lo que está viendo, en cómo se desarrolla la trama, por ejemplo, pero también estaría pensando en lo que hizo unas horas antes y en lo que hará al día siguiente, entre otras cosas.

En una ocasión le preguntaron al comediante Jerry Seinfeld: «¿En qué piensan los hombres?», y su respuesta fue: «No piensan en mucho, solo permanecen sentados sin pensar en gran cosa».

Una mujer puede llegar y preguntar: «¿En qué estás pensando?», y el hombre cree que tiene que contestar algo a pesar de que, en realidad, no estaba pensando en nada. Lo peor es cuando una mujer se acerca a un hombre y le pregunta: «¿Qué sientes?» o «¿Cómo te sientes?». El individuo no siente nada, solo está sentado. Es muy importante que los hombres y las mujeres comprendan las diferencias fundamentales en su manera de comunicarse.

Toma hoy mismo la decisión de convertirte en un experto de la comunicación con poder. Lee libros sobre el tema, asiste a cursos de comunicación eficaz, escucha programas de audio y, sobre todo, practica, practica, practica.

5

Metas: los pilares del trabajo

Como ya hemos visto, una de las claves del éxito consiste en saber lo que deseas y en comprometerte a obtenerlo. Para mantenerte encarrilado, también debes saber cómo establecer metas específicas y comprometerte a cumplirlas.

Érase una vez un grupo de personas muy exitosas que se reunieron y empezaron a hablar sobre lo que habían logrado y por qué. Una de ellas dijo: «¿Sabéis lo que es el éxito?», y todos se quedaron callados para escuchar. «El éxito son las metas, el resto es solo palabrería».

Esta es una de las verdades más importantes de la vida: el éxito son las metas, el resto es palabrería. De hecho, es uno de los grandes descubrimientos y logros de la historia de la humanidad. Tu vida solo comienza a ser genial cuando identificas con claridad lo que quieres, haces un plan para conseguirlo y trabajas en él todos los días.

Napoleon Hill dijo: «La principal razón por la que la gente fracasa es porque no desarrolla planes nuevos para reemplazar los que han funcionado». Yo he descubierto que cuando comienzas a trabajar en una nueva meta o tomas una nueva dirección, la mayoría de las estrategias no funciona. O, al menos, no la primera vez. Muchas personas tratan de hacer algo una vez y luego se dan por vencidas. La gente exitosa lo intenta una y otra vez. Hace planes nuevos, distintos, intenta algo diferente. Continúa avanzando.

A lo largo de los años he dado miles de entrevistas de radio y televisión, y siempre me hacen las siguientes preguntas: «¿Cuál fue el punto de inflexión para usted? ¿Cuál fue la experiencia o la epifanía que le permitió pasar de pobre a rico? ¿Qué fue lo que lo sacó del agujero?».

Antes solía irritarme cuando me preguntaban eso porque quien hace esta pregunta da por sentado que se trató de un hecho aislado, que lo que hace que una persona alcance el éxito es un truco rápido y barato. Por eso siempre contestaba dando rodeos. Luego, un día, pensé: «Bueno, en realidad sí hubo ciertos puntos de inflexión en mi vida». Me puse a pensar e identifiqué tres momentos, y ahora me parece que todos tenemos esos tres instantes.

En primer lugar, descubrí que yo era responsable de mi propia existencia y de todo lo que me sucediera. Aprendí que esta vida no era un ensayo para algo más, sino la representación ante el público en tiempo real.

Fue un verdadero shock. Hasta ese momento, siempre había culpado a mis orígenes, a mis padres y a las cosas que me habían sucedido en el pasado. Y, de repente, como si alguien me hubiera encendido una bombilla en la cara, comprendí que el responsable era yo, y que si quería que algo cambiara en mi vida, tendría que cambiarlo yo mismo.

Todos los estudios sobre la vida de la gente exitosa que se han realizado muestran que su punto de inicio fue el momento en que aceptaron su responsabilidad personal. Nada sucede hasta que no asumes tu responsabilidad, solo entonces empieza a cambiar tu vida por completo.

Mi segundo punto de inflexión se presentó cuando tenía alrededor de veinticuatro años y descubrí mis metas. Sin tener muy claro para qué, me senté e hice una lista de las diez cosas que quería lograr en el futuro próximo. Perdí la lista casi de inmediato, pero treinta días después mi vida había cambiado porque cumplí casi todo lo que me había propuesto. Y lo que faltaba lo había cumplido de manera parcial al menos.

El tercer punto de inflexión fue cuando descubrí que uno podía aprender cualquier habilidad que necesitara para cumplir las metas que se fijara. Nadie es más inteligente ni mejor que tú, y todas las técnicas de negocios, ventas y generación de recursos pueden aprenderse y desarrollarse.

Toda la gente que ahora es competente en un área empezó de cero. Hubo un tiempo en que las personas más exitosas de cualquier ámbito ni siquiera estaban ahí ni sabían que ese sector o campo de trabajo existía. Tú puedes hacer lo mismo que han hecho cientos, miles o millones de personas que han logrado el éxito.

DIEZ PASOS PARA FIJARSE METAS

Ahora quisiera que analizáramos los pasos esenciales del proceso para fijarse metas.

l. Decide con exactitud qué quieres lograr en cada área de tu vida. Para hacer esto tienes que empezar por idealizar. La idealización es una técnica que han aplicado a lo largo de la historia las personas más exitosas del mundo. Imagina que no hay límites, que puedes hacer, tener o ser lo que desees. Imagina que tienes todo el tiempo, dinero, amigos, contactos, educación y experiencia que requieres para cumplir cualquier meta que te fijes.

Imagina que puedes agitar una varita mágica y hacer que tu vida sea perfecta en sus cuatro aspectos fundamentales. ¿Cómo sería?

El primer aspecto es el de los ingresos. ¿Cuánto quieres ganar este año, el siguiente, y en cinco años a partir de ahora? Agita la varita e imagina que no hay límites.

El segundo aspecto es el familiar. ¿Qué estilo de vida te gustaría crear para ti y tu familia? ¿En qué tipo de casa quieres vivir? ¿De qué tipo de vacaciones quieres disfrutar? ¿Qué quieres lograr para beneficiar a los miembros de tu familia? Imagina que no tienes ningún límite y que puedes diseñar el estilo de vida con el que sueñas.

El tercer aspecto es el de la salud. ¿Cómo sería tu vida si tu salud fuera perfecta en todos los sentidos? ¿Cuánto pesarías? ¿Qué condición física tendrías? ¿A qué hora te despertarías por la mañana? ¿Qué tipo de alimentos comerías? ¿Cómo te sentirías si tu salud fuera perfecta? Imagina que nada te limita.

El cuarto aspecto tiene que ver con tu patrimonio. ¿Cuánto quieres ahorrar y acumular a lo largo de tu vida laboral? ¿Cuál es tu objetivo financiero a largo plazo?

Recuerda que no puedes acertar a un blanco que no ves. Cuanto más claro seas respecto a tus objetivos financieros, más probable será que tomes buenas decisiones para cumplirlos.

Ahora te hablaré de una técnica que puedes aplicar. La llamo el método de las tres metas. Escribe tus tres metas más importantes en la vida en este momento. Date treinta segundos y escríbelas lo más rápido que puedas: «Pum, pum, pum».

Es muy probable que tus respuestas sean una imagen bastante precisa de lo que deseas en la vida. Se ha descubierto que si solo tienes treinta segundos para escribir tus tres metas, las respuestas serán igual de precisas que si tuvieras treinta minutos o tres horas. Por alguna razón, la supraconsciencia y el inconsciente se ponen en marcha a toda máquina y «pop, pop, pop»: de pronto aparecen en el papel las tres metas.

2 Escribe tus metas. Es fundamental que las plasmes en papel, y que sean claras, específicas, detalladas y medibles. Escríbelas como si estuvieras encargando un producto que será manufacturado en una fábrica muy lejana. La descripción debe ser clara y detallada en todos los sentidos.

Solo el 3 % de los adultos escribe sus metas, y quienes lo hacen no solo ganan diez veces más que la persona promedio: también suelen ser los jefes de todos los demás. No es raro que lleguen a nuestro país personas que no conocen a nadie, sin contexto y sin hablar el idioma, y, diez años después, hayan creado una gran riqueza y cientos de individuos trabajen para ellas. ¿Por qué sucede esto? Porque esa gente llegó con objetivos y tenía claro lo que deseaba.

3 Establece fechas límite. Tu mente utiliza las fechas límite para impulsarte, de manera consciente e inconsciente, a alcanzar

tus objetivos en la fecha que te lo propusiste. Si tu objetivo es suficientemente importante y de grandes dimensiones, establece una fecha límite. Si quieres alcanzar la libertad financiera, por ejemplo, podrías fijarte una meta a diez o veinte años. Luego desglósala para que sepas cuánto tienes que ahorrar e invertir cada año.

Si, por alguna razón, no logras tu meta en la fecha límite, fíjate una nueva. No hay metas irreales, solo plazos poco realistas. A veces puedes tener una meta lógica y realista, pero si las situaciones, tus circunstancias y las condiciones financieras cambian de manera imprevista, te verás obligado a establecer otra fecha.

4. Identifica los obstáculos que tendrás que superar para alcanzar tu meta. La manera de hacerlo es preguntándote por qué no lo has logrado aún.

Ahora debo hablarte del **principio de las limitaciones**, una de las mejores herramientas para el pensamiento que he utilizado. Este principio dice que siempre hay un factor que te limita o restringe, una especie de cuello de botella. Dicho factor establece la velocidad a la que alcanzas tu meta. ¿Cuál es la limitación en tu caso? ¿Qué te detiene? La regla 80-20 también es aplicable a las limitaciones, es decir, el 80 % de las razones que te impiden lograr tu meta se encuentran dentro de ti y, por lo general, son la falta de una habilidad, una cualidad o ciertos conocimientos. Por lo tanto, el 20 % de las razones por las que no logras tu meta se encuentra en el exterior. Siempre empieza por preguntarte: ¿qué es lo que me está deteniendo?

5. Determina qué conocimientos, información y habilidades necesitarás para lograr tu objetivo. En especial, identifica las

habilidades que tendrás que desarrollar para entrar en el grupo del 10 % que se encuentra en la cima de tu ámbito de trabajo. Recuerda que para alcanzar una meta que no has logrado antes deberás desarrollar habilidades que no tienes aún y hacer cosas que no has hecho antes. Lo que limita tus ingresos y tu éxito es una habilidad clave que tienes menos desarrollada. Esto significa que puedes avanzar más si trabajas en la habilidad que te está limitando más que en cualquier otra.

He aquí la pregunta fundamental: si la desarrollaras al máximo, ¿qué habilidad tendría el mayor impacto positivo en tu vida? Si fueras competente en ella, ¿qué habilidad te ayudaría más a duplicar tus ingresos?

Una vez que respondas a esta pregunta, escribe la respuesta, haz un plan y trabaja a diario para desarrollar esa habilidad. Haz una lista de todos los libros que podrías leer, los programas de audio que podrías escuchar, las acciones que podrías llevar a cabo, etcétera. Y todos los días haz algo que te permita ser mejor en esa área.

6. Identifica a la gente cuya ayuda y colaboración necesitarás para alcanzar tu meta. Haz una lista de todas las personas en tu vida con quienes deberás trabajar o colaborar para lograr lo que te propones.

Empieza por los miembros de tu familia cuya colaboración y apoyo necesitarás. Luego haz una lista que incluya a tu jefe, tus compañeros de trabajo y tus subordinados. Identifica en particular a los clientes que necesitarás que adquieran tus productos o servicios en suficiente cantidad para generar los recursos que necesitas.

Una vez que hayas identificado a la gente cuya ayuda requerirás, pregúntate qué recibirán a cambio. En lugar de ser una persona que solo busca obtener algo para sí misma, conviértete en alguien que sepa dar a otros lo que necesitan. Para lograr metas importantes y ambiciosas necesitarás la ayuda y el apoyo de muchísima gente. Una persona clave, en el tiempo y lugar precisos, puede marcar una gran diferencia.

La gente más exitosa construye y mantiene vivas extensas redes de contactos, personas a las que pueden ayudar y que pueden apoyarlos a ellos a cambio.

7. Confecciona una lista de todo lo que deberás hacer para lograr tu meta. Escribe los obstáculos que tendrás que superar, el conocimiento y las habilidades que deberás desarrollar, y la gente cuya cooperación necesitarás. Haz una lista de cada paso que se te ocurra que tendrás que dar para llegar ahí. A medida que se te vayan ocurriendo las ideas, añádelas a tu lista hasta que esté completa.

Cuando hagas la lista de todo lo que necesitarás, empezarás a ver que tu meta es mucho más factible de lo que habías previsto. Recuerda lo que dijo Confucio: «Un viaje de mil kilómetros empieza con el primer paso». Tú puedes construir la muralla más extensa y grande del mundo ladrillo a ladrillo.

8. Organiza la lista y transfórmala en un plan. Esto se logra ordenando en dos categorías los pasos que hayas identificado: en primer lugar, por secuencia, y en segundo, por prioridad.

Para organizar un plan por secuencia, pregúntate qué tienes que hacer para dar el paso siguiente, y en qué orden. Para organizar por prioridad, pregúntate qué es más y qué es menos importante. La regla 80-20 indica que el 80 % de los resultados provendrán del 20 % de tus actividades, pero, por otra parte, dice que el primer 20 % del tiempo que pasarás planificando tu meta y organizando el plan equivaldrá al 80 % del tiempo y esfuerzo requeridos para lograrla. Como verás, la planificación es fundamental.

9. Organiza la lista en una serie de pasos, desde el principio hasta el final. Cuando tienes una meta u objetivo, y un plan, aumentas la probabilidad de cumplirlos en un 1.000 %. Muchas estadísticas lo prueban. El poder de un plan escrito es inimaginable.

Luego planifica con anticipación cada día, cada semana y cada mes. Planifica el mes durante los primeros días, y la semana, la semana anterior. Cuanto más cuidadoso y detallista seas al prever tus actividades, más lograrás, y en menos tiempo. Está demostrado que cada minuto de planificación ahorra diez minutos de ejecución, esto quiere decir que el rendimiento de la inversión al planificar tus días, semanas y meses es del mil por ciento.

10. Visualiza tus metas. Crea imágenes claras, vívidas, emocionantes y emotivas de tus metas, visualízalas como si ya fueran una realidad, como si ya las hubieras alcanzado. Imagínate disfrutando del logro. Si deseabas tener un coche, imagínate conduciéndolo; si eran unas vacaciones, visualízate junto al mar. Si tu objetivo es tener una casa hermosa, imagínate viviendo en ella.

Al visualizar, tómate unos instantes para crear también las emociones que acompañarían a tu logro. Un panorama mental combinado con una emoción profunda puede tener un impacto enorme en tu inconsciente y en la supraconsciencia.

La visualización es, quizá, la facultad más poderosa con la que cuentas para alcanzar tus metas más rápido de lo que jamás hayas imaginado. Cuando combinas objetivos claros, visualización y emociones, activas tu mente supraconsciente, y esta resuelve todos los problemas que puedas encontrar de camino a la meta. También activa la ley de la atracción y empieza a atraer a ti a la gente, las circunstancias, ideas y recursos que te ayudarán a lograr más rápido lo que te propones.

EJERCICIO PARA ESTABLECER METAS

Coge un folio y escribe la palabra «Metas» en la parte superior, con la fecha de hoy. Oblígate a escribir por lo menos diez metas que te gustaría lograr el siguiente año o, al menos, en el futuro cercano. Al escribir las frases, empieza cada meta con la palabra «yo». Como ya he dicho, la única persona que puede usar esa palabra refiriéndose a ti eres tú. Luego incluye un verbo de acción. Este funcionará como una especie de orden enviada de tu consciente al inconsciente. Podrías, por ejemplo, decir: «Yo corro, yo gano, yo vendo, yo logro, yo adquiero, yo ahorro». Escribir la palabra «yo» seguida de un verbo de acción es el equivalente a accionar un detonador de dinamita que estallará en tu inconsciente.

Cuando escribas tus metas, descríbelas en el tiempo presente, como si ya las hubieras logrado. El inconsciente solo se activa en presente. Si tu objetivo es ganar cierta cantidad de dinero en un periodo previsto, dirías: «Yo gano esta cantidad para tal fecha». Si el objetivo es comprarte un coche nuevo, dirías: «Yo tengo tal coche para tal fecha». Esta forma de enunciación es una orden del consciente al inconsciente.

Insisto, cuando escribas tus metas, hazlo en forma positiva. En lugar de decir: «Ya no voy a fumar», escribe: «Soy una persona sana con buenos hábitos». En lugar de decir: «Ya no seré obeso u obesa», di: «Peso tanto y ese es mi peso permanente». Siempre enuncia tus metas como si ya fueran realidad, como si las hubieras logrado. Recuerda que esto activa tu inconsciente y tu supraconsciencia para que modifiquen tu exterior y lo hagan corresponder con las órdenes del interior.

Después, decide cuál es tu propósito definitivo más importante. En cuanto tengas la lista de diez metas, pregúntate: «Si pudiera agitar una varita mágica y cumplir en veinticuatro horas cualquier meta de esta lista, ¿cuál tendría el mayor impacto positivo en mi vida?». Cuando tengas la respuesta, encierra en un círculo la meta elegida. Luego escríbela en la parte superior de una nueva hoja limpia. Anótala con claridad y en detalle. Establece una fecha límite para cada meta y algunas alternativas, en caso de que sea necesario.

Identifica los obstáculos que tendrás que superar para llegar ahí. Encuentra el más importante, ya sea interno o externo. Identifica también el conocimiento y las habilidades que necesitarás para alcanzar tu meta y, sobre todo, la habilidad más importante que tendrás que dominar. Identifica a la gente cuya ayuda y colaboración necesitarás, y piensa qué podrías hacer para merecer su ayuda. Confecciona una lista de todo lo que harás para lograr tu objetivo, y en el proceso se te ocurren más cosas, añádelas.

Organiza la lista por secuencia y prioridad, es decir, empezando por lo que tendrías que hacer primero y por lo más relevante. Haz un plan y organiza la lista en pasos, del primero al último. Por último, decide actuar y trabajar todos los días en tu plan.

Planifica las metas en términos de las actividades en que tendrás que involucrarte para cumplirlas, y en si deberás realizarlas todos los días, o cada semana o mes. Luego sé disciplinado y concéntrate en lo más importante que deberás hacer cada día hasta que esté terminado. Haz lo mismo con todas las tareas importantes. Toma la decisión de que, suceda lo que suceda, no te rendirás jamás. Cada vez que persistes y superas los inevitables fracasos y decepciones que se presentan en la vida, te fortaleces y te haces más resiliente, pero también aumentas tu autoestima y la confianza en ti mismo: el objetivo es llegar a ser imparable.

Decide con exactitud qué quieres, escríbelo, haz un plan y trabaja en él todos los días. Si haces esto sin cesar, hasta que se vuelva un hábito, en unas cuantas semanas o meses lograrás más de lo que mucha gente ha logrado en varios años. Empieza hoy mismo.

6

Gestión del tiempo

La gestión o administración del tiempo es uno de los elementos más importantes para lograr tus metas o para tener cualquier tipo de éxito. Ahora te diré un secreto: la gestión del tiempo es en realidad una administración de tu vida y de ti mismo. El gurú de los negocios Peter Drucker decía: «Uno no puede gestionar el tiempo; solo puede gestionarse a sí mismo». La gente más exitosa es la que mejor se sabe gestionar.

La calidad de tu gestión del tiempo definirá la calidad de tu vida. Yo solía pensar que esta habilidad era una cuestión periférica, que yo era el sol y que la gestión de mi tiempo giraba a mi alrededor. El punto de inflexión vino cuando me di cuenta de que, en realidad, era al revés: la gestión del tiempo es el sol y todo lo demás en la vida es como los planetas que giran alrededor. Si controlas tu tiempo de manera absoluta, todos los aspectos de tu existencia se alinean.

LA GESTIÓN DEL TIEMPO ES UNA DECISIÓN

La buena noticia es que la gestión o administración del tiempo es una habilidad que, como todas, se puede y debe aprender. Algunas personas dicen: «A mí eso no se me da muy bien, no soy puntual y tengo demasiadas cosas que hacer en muy poco tiempo». Pues déjame decirte algo: esta es una decisión que se toma.

A veces bromeo con el público en mis conferencias y digo: «He desarrollado un método para enseñarle a la gente a administrar su tiempo en solo veinte segundos. En ese lapso mínimo puedo convertir a todos los presentes en administradores asombrosos. ¿Queréis conocer mi método?». La gente asiente y yo me meto la mano en el bolsillo. Finjo que saco de él una pistola y apunto a una persona sentada en la primera fila. «De acuerdo, os voy a seguir las próximas veinticuatro horas, y si os atrevéis a desperdiciar un solo segundo, ¡os vuelo los sesos!».

¿Crees que en esas circunstancias serías un buen administrador de tu tiempo? Me apuesto lo que sea a que sí. La cuestión es que la gestión del tiempo es una decisión que uno toma, una elección. Tú eliges llevarlo a cabo bien. Si tienes que coger un avión y se trata de un vuelo muy importante, vas a organizar todos los aspectos de tu vida para estar ahí, para llegar con antelación y coger a tiempo ese avión.

Eliges ser un buen administrador de tu tiempo. Una vez que comprendas eso, te darás cuenta de que no es un rasgo genético ni tiene que ver con la forma en que te educaron. Tampoco con la personalidad que tenías de niño, es solo una decisión que tú tomas.

Tu situación actual en la vida es muy simple. En primer lugar, tienes muchísimo que hacer y muy poco tiempo. Por mucho que logres avanzar en el trabajo, siempre tienes más por hacer. Tu carga de trabajo y tus responsabilidades no dejan de acumularse. Lo sé porque es algo normal, es un hecho natural de la vida adulta.

Permíteme, sin embargo, revelarte algo: nunca te vas a poner al día. Todo el mundo piensa que en algún momento encontrará una técnica o método que le permitirá ponerse al día. No, eso no pasa. La única manera de administrar tu tiempo es dejar de hacer ciertas cosas.

Las metas son la base de la gestión del tiempo, pues representan el panorama completo. Puedes alejarte un poco para verlas y preguntarte: ¿cuáles son mis verdaderos objetivos y metas en la vida? ¿Qué es lo que en realidad deseo lograr? Es fundamental que te preguntes esto porque pasamos una cantidad enorme de tiempo haciendo cosas irrelevantes para nuestras metas reales.

DUPLICA TU PRODUCTIVIDAD

¿Cómo puedes duplicar tu productividad? He aquí cinco pasos:

1. Apunta todo lo que tienes que hacer cada día. Escribe la lista la noche anterior y nunca empieces a trabajar si no tienes una.

   De acuerdo con los especialistas en administración del tiempo, la lista aumentará tu productividad un 25 % la primera vez que la uses. Si tu desempeño y resultados aumentan un 25 % al año, cada dos años y ocho meses los duplicarás. Si duplicas tu productividad, también duplicarás tus resultados. Si duplicas los resultados, duplicarás tus ingresos. El simple hecho de trabajar con una lista y aumentar tu productividad un 25% te permitirá duplicar tus ingresos cada dos años y ocho meses, y luego volver a duplicarlos una y otra vez.

2. Antes de comenzar, aplica a tu lista la regla 80-20. Uno de los conceptos más importantes en la gestión o administración del tiempo es el de las «consecuencias». Si algo tiene consecuencias considerables, su valor es elevado; si algo tiene pocas consecuencias, o estas son insignificantes, carece de valor.

3. Una vez que hayas hecho la lista y aplicado la regla 80-20 en ella, usa el método ABCDE. A se refiere a algo que debes hacer, que tendrá serias consecuencias si lo haces o no. Una actividad B es algo que deberías hacer, pero que tendrá consecuencias menos importantes. Podría ser, por ejemplo, llamar por teléfono para verificar cómo va alguien en la oficina. La actividad C será algo agradable, pero sin consecuencias en absoluto, como beber una taza de café, leer el periódico o navegar en internet.

La regla aquí es nunca dedicarte a una tarea B o C si todavía tienes que terminar una tarea tipo A.

La cuarta letra del método ABCDE es la D de «delegar». Delega todas las tareas que otra persona pueda hacer; así liberarás más tiempo para tus actividades tipo A.

Por último, tenemos la E de «eliminar» todas las actividades de poco o nulo valor. Te aseguro que a lo largo del día llevas a cabo muchas actividades que podrías dejar de hacer sin que ello supusiera ninguna diferencia.

Cuantas más tareas delegues o elimines, más tiempo tendrás para hacer todo lo que sí representaría una diferencia en tu vida.

4. Hazte de manera constante las siguientes cuatro preguntas. La primera es: ¿por qué estoy en nómina? Me contrataron para hacer algo específico, ¿qué es? Si fueras a la oficina de tu jefe y le hicieras esta misma pregunta, ¿qué te contestaría? Te aseguro que no te diría que estás en nómina para llevarte bien con tus compañeros de trabajo, navegar en internet, leer el periódico ni beber café. Estás en nómina para producir resultados específicos, por los que la empresa te paga. Lo que logres será una aportación a los resultados generales que la empresa debe producir para sobrevivir y prosperar en un mercado muy competitivo.

La segunda pregunta es: ¿cuáles son mis actividades de mayor valor? De todas las que haces, ¿cuáles son las más valiosas?

La tercera pregunta es: ¿qué es eso que solo yo puedo hacer y que, si lo hago bien, supondrá una verdadera diferencia? En tu empresa hay tareas que solo tú puedes hacer y que, si no las llevaras a cabo, nadie más podría. Es decir, se quedarían sin realizar. Sin embargo, si haces esas tareas y las haces bien, pueden suponer una enorme diferencia en tu vida.

Aunque la respuesta a esta pregunta variará dependiendo de los cambios en las prioridades y actividades, es esencial que te la sigas haciendo. ¿Qué puedo hacer solo yo? ¿Cuál es esa actividad que supondrá una diferencia real?

Por último, no dejes de preguntarte: ¿cuál es la manera más valiosa de usar mi tiempo en este momento? Todos los libros sobre gestión del tiempo se resumen en responder esta pregunta: ¿cuál es la manera más valiosa de usar mi tiempo en este momento? Sea cual sea la respuesta, asegúrate de hacer eso cada minuto del día.

5. La quinta clave para duplicar la productividad consiste en concentrarse por completo en una sola cosa, en la tarea más importante de todas, y en no dejarla hasta que la hayas terminado. Centrarte en tus tareas esenciales te ahorra hasta el 80 % del tiempo que requieres.

Trabajar concentrado y en una sola tarea produce energía, entusiasmo y un aumento en la autoestima. Terminar algo, poner el punto final y cerrar un ciclo mejora cómo te sientes contigo mismo y te motiva para continuar trabajando.

Yo escribo y produzco cuatro libros al año. Los escritores profesionales, en cambio, tienen suerte si llegan a escribir o producir un libro cada dos o tres. La gente me pregunta: «¿Cómo puedes escribir tanto?». Concentrándome. Cada vez que me siento a trabajar, sigo toda una serie de pasos. Me concentro por completo en cada uno antes de pasar al siguiente. Aplico la misma técnica en todo lo demás que hago, y es asombroso cuánto puede aumentar tu productividad esta forma de trabajar.

LA PROCRASTINACIÓN CREATIVA

¿Tú procrastinas? La respuesta es: «Sí, todos lo hacemos». La gente improductiva lo hace… y quienes somos productivos también. La diferencia es que la gente exitosa procrastina de manera creativa, es decir, lo hace con tareas de poco valor y sin consecuencias. La gente improductiva procrastina con tareas de un valor elevado que pueden suponer una gran diferencia en su vida.

He aquí diez maneras de superar la procrastinación:

1. Establece metas y objetivos por escrito, y redacta también planes de acción. El simple hecho de escribir las cosas te motiva para ponerte manos a la obra. En cuanto plasmas algo en papel, es como si una roca empezara a rodar cuesta abajo en una colina: avanzas y avanzas sin parar.

2. Divide tus metas en actividades más pequeñas. Ya conoces la vieja pregunta: ¿cómo me puedo comer un elefante? Bocado a bocado. Si tomas una gran meta y la desglosas en tareas más sencillas, podrás empezar haciendo una de ellas.

3. Haz un análisis de lo que tienes que hacer en el día. Elige una sola actividad y empieza a trabajar en ella de inmediato. Motívate a ti mismo diciendo: «Esto lo voy a hacer ahora. Esto lo voy a hacer ahora». Esta manera de abordar las tareas puede servirte para terminar con el bloqueo mental.

4. Convierte tus tareas en una especie de queso suizo. Piensa en el queso suizo, visualiza los agujeros. Para abordar una tarea imponente puedes tomar primero una parte más pequeña y accesible, y llevar a cabo solo esa rápido; lo que representará un agujero del queso. A veces lo único que necesitas para animarte a comenzar es acometer una pequeña parte de una gran tarea.

5. Corta esa enorme misión como si fuera salchichón. Aborda la tarea troceándola y empieza por una parte pequeña.

6. Otra manera de superar la procrastinación es usando la regla 20-80. A veces el primer 20 % del tiempo que inviertes en la planificación, organización y disposición de las tareas equivale al 80 % de todo el trabajo. Si organizas todo, colocas los elementos en su lugar, planificas y haces tus listas, sentirás el impulso que te permitirá terminar el trabajo completo.

7. Establece un límite de tiempo. Trabaja en una tarea importante quince minutos. Di: «No puedo hacer todo esto porque me llevará muchas horas. Mejor trabajaré quince minutos, haré otra cosa y volveré a esto más tarde». A veces el hecho de centrarte en algo solo quince minutos es suficiente para meterte en el ritmo, de modo que luego no quieres ya dejar de trabajar.

8. Establece un sistema de recompensas. Prémiate por terminar una parte de tu gran tarea. Una de las actividades que hay que realizar en las ventas es contactar e identificar a posibles clientes, es decir, coger el teléfono y llamar a gente para organizar citas. Algunos vendedores se ponen delante un plato con galletas partidas en trocitos y se dicen: «Cada vez que llame a un cliente potencial, me premiaré con un trozo de galleta» o «Cuando consiga programar diez citas, haré una pausa para tomar café». En lugar de preocuparse por las citas, se entrenan para centrarse en las recompensas, y así superan su temor y la tendencia a procrastinar.

9. Hazle una promesa a otra persona. Dile que terminarás una tarea en un plazo determinado. Te sorprendería cuánto puede motivar la noción de acabar algo para cumplir tu palabra.

10. Lee tu lista e imagina que vas a salir de la ciudad y que estarás un mes fuera. Solo tienes tiempo de llevar a cabo una tarea antes de irte: ¿cuál elegirías? Sea cual sea la respuesta,

motívate y coge el impulso necesario para completar la más importante. Por lo general, esta estrategia te animará a terminar todas las otras tareas de la lista.

CÓMO SER MÁS PRODUCTIVO A LO LARGO DEL DÍA

Aquí te presento siete pasos para ser más productivo a lo largo de un solo día:

1. Trabaja más rápido. Acelera el paso y trabaja a mayor velocidad: el *tempo* rápido es esencial para el éxito. Camina más rápido, trabaja con presteza, muévete con agilidad, acomete las tareas en lugar de quedarte rezagado.
2. Trabaja con más ahínco. Más horas. Empieza un poco más temprano, trabaja arduamente y quédate hasta un poco más tarde. La gente exitosa trabaja más tiempo y es más productiva durante ese tiempo porque logra hacer mucho más que las personas sin ambición.

   Hace poco leí algo sobre una mujer que se levantaba a las cinco de la mañana. Hacía ejercicio, empezaba su jornada a las seis y trabajaba sin descanso durante tres horas. En ese tiempo acababa el trabajo de todo el día. Trabajaba sin desperdiciar ni un segundo, y también hacía todo el trabajo del día siguiente.

   Con el paso del tiempo esta mujer llegó a realizar el equivalente a tres días de trabajo en uno solo, le bastaba con trabajar más horas. La ascendían de puesto con frecuencia y cada vez le pagaban más; en algún momento llegó a ser ejecutiva sénior y a recibir uno de los sueldos más elevados en su empresa, y todo porque trabajaba con más ahínco durante más horas.

3. Trabaja en equipo. Acomete las tareas de mayor envergadura en equipo. A veces, si desarrollas el ritmo de una línea de producción o si estableces una estructura para delegar tareas, puedes trabajar en algo mientras otra persona se ocupa de otra cosa. Te sorprendería ver cuánto más podrías llevar a cabo.

4. Simplifica el trabajo. Elimina pasos para hacer más en menos tiempo. Consolida o condensa las tareas, acomételas y termínalas rápido. Cuanto más simples sean las tareas y cuantos menos pasos debas seguir, más rápido avanzarás y más producirás.

5. Haz las tareas para las que seas más hábil. Cuando te centras en lo que haces mejor, cometes menos errores, lo cual se traduce en más trabajo realizado en un periodo más breve.

Al principio de mi carrera, por ejemplo, era redactor creativo de una importante agencia de publicidad. Leía montones de libros sobre mi especialidad y pasaba incontables horas escribiendo textos creativos publicitarios.

Ahora, cada vez que alguien en mi empresa necesita un texto creativo para un folleto, producto o programa, me envían a mí la información porque puedo redactar algo muy bueno en unos pocos minutos. A alguien que no tenga experiencia en esta área le podría llevar horas y, al final, tal vez ni siquiera sería un buen texto. Yo he escrito miles de frases de textos creativos y me alegra poder decir que son bastante buenas porque soy muy competente en esta área. Y tú, ¿en qué eres excelente? ¿Qué puedes hacer rápido y casi sin cometer errores?

6. Agrupa las tareas. Haz varias tareas similares al mismo tiempo y aprovecha la curva del aprendizaje. Por ejemplo, si vas a escribir una serie de propuestas, haz varias de una sola vez. Para cuando abordes la quinta o la sexta, necesitarás el 20 % del tiempo que te llevó hacer la primera. Si vas a realizar llamadas para identificar clientes y concertar citas, cuando hagas la décima necesitarás el 20 % del tiempo que te llevó la primera. Cada vez que agrupas tareas similares y las acometes de una sola vez, te vuelves más rápido y competente en cada una. Eso te ahorra una cantidad enorme de tiempo y te permite producir con un nivel de calidad similar o incluso más elevado.

7. Mejora tu habilidad en tus tareas clave. Practica la fórmula del «mejoramiento continuo y permanente» (CANEI, por sus siglas en inglés). Una de las mejores habilidades de gestión del tiempo que se pueden desarrollar es la de ser más competente. Cuanto más apto seas, más podrás producir. Ser excelente en lo que haces no te ahorra unos minutos u horas: puede ahorrarte años del arduo trabajo que tendrías que realizar para alcanzar el mismo nivel de ingresos.

Todas las técnicas de negocios que acabo de describir se pueden aprender. Puedes adquirir cualquier habilidad que necesites para alcanzar las metas que te fijes. Si aprendes a gestionar tu tiempo de manera sobresaliente, dentro de un año podrías ser tan eficiente y competente que las televisiones te empezarían a seguir por todas partes para averiguar por qué eres tan bueno.

Es probable que para duplicar tus ingresos actuales solo necesites aprender una habilidad de gestión, y lo más seguro es que ya sepas cuál es. La gestión del tiempo es, en realidad, gestión de la vida y de ti mismo. Es la capacidad de elegir la secuencia de pasos que vas a seguir: qué harás primero, qué harás después y qué tacharás de tu lista. Y recuerda: tienes la libertad de elegir.

7

Creación de riqueza

Ahora que hemos explorado las mejores maneras de trabajar y ser productivo, podemos concentrarnos en nuestro objetivo a largo plazo: la creación de riqueza.

Este es el mejor momento de la historia en términos económicos, el mejor momento para estar vivo. Con un 5 % de la población y un 5 % de toda la masa terrestre, Estados Unidos genera el 30 % del producto interior bruto mundial y posee el 50 % de la riqueza mundial. En las últimas décadas nuestro país ha forjado más millonarios y multimillonarios que el resto de los países en conjunto a lo largo de la historia.

En 1900 había cinco mil millonarios en Estados Unidos y casi todos habían amasado su fortuna por sí mismos. En el año 2000 había cinco millones, es decir, la cifra aumentó mil veces. En 2008 la cantidad de millonarios en el país ascendió a 9,6 millones, lo cual representa un crecimiento del 92 % en ocho años: la expansión de riqueza personal más grande de la historia. Y todo indica que seguiremos forjando millonarios en los próximos años. En 2020 nuestro país tenía un producto interior bruto de cerca de 20,93 billones de dólares. En el primer cuatrimestre de 2021 creció al 6,4 %, lo cual equivale a 1,34 billones al año. El ingreso medio por familia en 2019 era de cerca de 69.000 dólares y se encontraba entre los más elevados del mundo. De acuerdo con la Organización para la Cooperación y el Desarrollo Económicos (OCDE), continúa creciendo entre el 3 y el 5 % anual. Estados Unidos es el país más empresarial del mundo: cada año se establecen en EE.UU. más de dos millones de negocios nuevos.

Actualmente, hay más gente que nunca haciendo más dinero, y de maneras más diversas. En los próximos años habrá más gente que se independice económicamente o incluso que se haga millonaria que en los últimos doscientos años. Si tu objetivo es ser una de esas personas, en este capítulo aprenderás los principios más relevantes de la creación de la riqueza.

LO QUE PIENSAN LOS MILLONARIOS

Debes tener mucho cuidado con lo que pienses, en especial lo que pienses sobre ti mismo. ¿En qué piensan los millonarios? Esto es algo que sabemos porque han entrevistado a miles de ellos y, en su mayoría, parecen tener ciertas características en común. Piensan a largo plazo, y se esfuerzan y hacen sacrificios en el presente para alcanzar la libertad económica al cabo de diez o veinte años. A diferencia de las demás personas, no gastan todo el dinero que tienen y un poquito más. Para poder alcanzar la libertad económica lo antes posible, en los primeros años de su vida profesional practican las tres claves del éxito financiero: frugalidad, frugalidad, frugalidad.

Mucha gente con empleos medios y proveniente de familias comunes y corrientes practica la frugalidad, y cuando llega a los cuarenta y tantos o poco después de los cincuenta, alcanza la libertad financiera. En cambio, mucha gente que tiene mucho dinero y vive muy bien termina en bancarrota a los sesenta o sesenta y cinco. En Texas, por ejemplo, para referirse a quienes generan muchos ingresos pero no tienen patrimonio se dice: «Mucho sombrero pero poco ganado».

La gente que se hace millonaria a partir de nada y por su propio esfuerzo está acostumbrada a disfrutar del proceso del ahorro y la acumulación de dinero en lugar de gastar todo lo que va ganando. De hecho, es gente que goza ahorrando y viendo crecer sus inversiones, no como el resto, que adora salir y despilfarrar.

LA REGLA DE LAS TRES TAREAS

La mejor manera de medir si vas bien en lo económico es calcular tu índice de supervivencia, es decir, el número de meses o años que podrías seguir teniendo el mismo estilo de vida que ahora, aunque no volvieras a trabajar. Tu objetivo es calcular tu índice de supervivencia para veinte años y fijarte esa cifra como tu gran meta. Para encontrar la cifra, calcula cuánto necesitas al mes para vivir y multiplícalo por 240, es decir, 12 meses por 20 años. A lo largo de tu vida deberás mantener esa cifra como objetivo último.

El secreto de la creación de riqueza siempre ha sido el mismo: añadir valor. Todo el mundo trabaja por comisión, es decir, recibe como recompensa un porcentaje del valor que genera con su labor. Cuanto mejores sean tus resultados, más valor añadirás y más elevada será tu comisión.

La mayoría de la gente comienza su carrera con las manos vacías. En Estados Unidos, por ejemplo, casi toda la riqueza que circula ha sido producida en la primera generación. De hecho, casi toda la riqueza empieza con la prestación de servicios profesionales, es decir, con un patrimonio forjado a base de sudor. Para lograr el éxito financiero siempre debes buscar la manera de añadirle valor a todo lo que hagas. Decide sumar más de lo que restas, dar más de lo que tomas. Siempre haz más de lo que se espera de ti por el pago que recibes. Siempre ve un poco más lejos en tu trabajo. Napoleon Hill dijo en una ocasión: «Nadie puede evitar que des más de lo que te pagan por hacer, y si vas más allá en todo lo que haces, pronto estarás en el paraíso». Recuerda que en ese camino adicional que recorrerás nunca encontrarás embotellamientos.

¿Cómo puedes añadir valor a tu trabajo? Usando la regla de las tres tareas. Para empezar, confecciona una lista de todo lo que haces en tu trabajo en una semana o en un mes. Quizá termines con un listado de diez, veinte o treinta tareas de mayor o menor complejidad.

En segundo lugar, revisa la lista y pregúntate lo siguiente: «Si solo pudiera hacer una cosa de la lista durante todo el día, ¿con cuál le añadiría más valor a mi negocio o carrera?». Cuando hablo con vendedores, les pido que se pregunten qué actividad les ayudaría más a duplicar sus ingresos.

En tercer lugar, una vez que hayas identificado la actividad que le añade más valor a tu trabajo, vuelve a preguntarte lo mismo: «Si solo pudiera hacer dos cosas de la lista durante todo el día, ¿cuál sería la segunda?».

En cuarto lugar, cuando hayas definido tus dos tareas principales, pregúntate de nuevo: «Si solo pudiera hacer tres cosas de la lista durante todo el día, ¿cuál sería la tercera?».

En casi todos los casos, tus tres actividades en conjunto sumarán el 90 % o más de todo el valor que le añadas a tu trabajo. Esta es la regla de las tres. La clave del éxito radica en que pases el mayor tiempo posible acometiendo esas tres tareas principales y que te dediques a ser cada vez mejor en cada una de ellas.

PON EN MARCHA TU NEGOCIO HOY MISMO

Alrededor del 80 % de los millonarios que han amasado sus propias fortunas son dueños de negocios. Empezaron con poco o con nada, pero fueron construyendo algo y luego alcanzaron el éxito económico como dueños de empresas.

Te daré otro dato interesante: el 90 % de las empresas fundadas por gente con experiencia en negocios triunfa tarde o temprano porque las dirigen empresarios que saben lo que están haciendo. En cambio, el 90 % de las empresas fundadas por gente sin experiencia termina fracasando de manera irreversible o, al menos, a corto plazo.

Decide poner en marcha tu negocio hoy mismo, incluso como empresa unipersonal. Si lo inicias, las cosas empezarán a suceder. Al fundar tu propio negocio generarás un campo de energía que atraerá a tu vida oportunidades que, a su vez, te permitirán activar el negocio.

En mis conferencias, a veces le pido a la gente del público que saque su tarjeta de presentación, tache el título y, en su lugar, escriba: «Presidente». Luego les pido que tachen el nombre de la empresa y que escriban el nombre de su propio negocio: John Smith Enterprises, por ejemplo. Ahora eres el presidente de tu propia empresa.

Estados Unidos es uno de los países donde más sencillo es poner en marcha un negocio. En promedio se puede tardar veintiséis horas, y si lo haces por internet te costará entre veinticinco y cincuenta dólares. Funda un negocio para que puedas ser el dueño de uno, incluso si todavía no sabes qué harás con él.

Puedes formar una empresa unipersonal, basta con que le pongas tu nombre. De esta forma ni siquiera tendrás que registrarla para protegerla. No necesitas la autorización de nadie para empezar este tipo de negocio bajo tu propio nombre. Si quieres establecer una Corporación S, también puedes hacerlo a muy bajo costo en internet. La ventaja de ser propietario único o Corporación S es que la ley permite que todo lo que inviertas para poner en marcha el negocio al principio te lo puedas deducir de tus ingresos el mismo año si lo justificas.

La autoridad en materia tributaria (IRS, por sus siglas en inglés) permite a los dueños de negocios deducir gastos de su ingreso y, así, reducir la cantidad de impuestos a pagar. En cambio, si eres empleado de un negocio y cobras con nómina, no tienes acceso a ninguna de estas deducciones. Como dueño de un negocio puedes deducirte gastos como los de gasolina, alquiler, coche y comida. En 2021, por ejemplo, el IRS te permitía deducir 56 centavos de dólar por cada milla que viajaras para reunirte con otros empresarios y hacer negocios. Si conduces diez mil millas con el propósito de hacer negocios, puedes deducirte 5.600 dólares de tu base imponible.

A partir de este momento trata de verte como el presidente de tu propia empresa de servicios. Poner en marcha tu propio negocio es, en realidad, muy sencillo. Solo es necesario que encuentres, crees, adquieras u ofrezcas un producto o servicio a un precio que te permita generar una ganancia.

No olvides que para iniciar un negocio debes vender algo. La gente que empieza a veces se queda asombrada al descubrir cuánto tiempo debe pasar hablando con otros para que compren su producto o servicio. Muchos abandonan sus proyectos porque tienen miedo a vender. ¿Qué sucede si vender te da miedo? Piensa que solo sientes temor porque no sabes cómo hacerlo, pero pasa lo mismo con el paracaidismo o con los malabares de cuchillos. No permitas que no conocer una técnica que podrías aprender te impida cumplir tus sueños financieros. Solo tienes que comprar un curso, leer un libro o inscribirte en un seminario y aprenderás a vender con eficacia.

Piensa lo siguiente: «Para iniciar un negocio necesito encontrar algo que pueda vender a un precio mayor que el que he pagado». Este ha sido el punto de inicio de todas las grandes fortunas de la historia. Todas las habilidades necesarias para los negocios, las ventas y la generación de recursos se pueden aprender. Nadie empieza sabiendo cómo hacer todo: diseño de un plan de negocios, análisis de mercados, redacción de textos publicitarios, creación de presupuestos, determinación de costes y precios, promoción. Sin embargo, todo se puede aprender. Nadie empieza sabiendo todo: la gente aprende con el tiempo. Cuanto antes aprendas, antes alcanzarás el éxito.

Una vez que hayas adquirido una habilidad de ventas o negocios, podrás reutilizarla. En una ocasión le preguntaron su opinión sobre este tema al empresario británico Richard Branson. «Todo es más o menos lo mismo. Una vez que entiendes los principios para fundar y construir un negocio, puedes repetir el procedimiento una infinidad de veces para crear otras empresas». Branson ha incursionado en los ámbitos de la música, las líneas aéreas, los globos aerostáticos y el desarrollo de centros vacacionales. Siempre usa los mismos principios, como si fueran moldes para hacer galletas. Si él los repite y tiene éxito, tú también puedes lograrlo.

Además, piensa que cada vez que pones en práctica una técnica de negocios o de generación de recursos, te vuelves más hábil en ella: cometes menos errores y obtienes mejores resultados. Como ya he dicho, la gente con experiencia que pone en marcha un negocio tiene un índice de éxito del 90 %. Esto se debe a que sabe bien lo que hace. Quienes empiezan sin ninguna experiencia de negocios van a tientas y terminan en bancarrota. Fíjate como objetivo devorar toda la información sobre negocios que tengas a tu alcance y aprender todo lo que puedas, no solo antes de empezar el negocio, sino a lo largo de toda tu carrera.

VALENTÍA Y HABILIDADES

Las cualidades clave para fundar y construir tu propio negocio son también las fuentes de mayor riqueza en la actualidad: valentía y habilidades. Toda la gente empieza con poca valentía y habilidades, pero recuerda que cuando haces lo que temes, surge el valor, y cuando pones en práctica la habilidad en la que no eres tan competente, adquieres experiencia.

Es fundamental que entiendas esto porque muchos piensan así: «En cuanto tenga la suficiente confianza en mí mismo, haré la llamada. En cuanto me sienta fuerte y valiente, lo haré». ¡No, no! Las cosas no funcionan así. Uno primero debe hacer lo que le provoca miedo. Así es como se desarrolla la valentía. Muchos piensan: «En cuanto me sienta cómodo llamando a posibles clientes o a los que ya tenemos, empezaré a trabajar en ello», pero no, primero haces las cosas, aunque no tengas una gran habilidad, y luego esta se va desarrollando.

Una parte vital del éxito en los negocios radica en pensar sobre lo que vendes y a quién se lo vendes. Empieza con la misma pregunta que hacemos cuando alguien toca a la puerta: ¿quién? ¿Quién es tu cliente? ¿Por qué un cliente tendría que comprar un producto? ¿Qué es lo que considera valioso? Es muy importante entender quién es tu cliente y por qué te compra. ¿Qué beneficios específicos busca al adquirir tu producto o servicio? ¿Se explica con claridad en tu publicidad y tu presentación que el cliente recibirá estos beneficios?

La falta de claridad es la principal causa del fracaso en las ventas, porque el hecho de que el posible comprador no entienda a la perfección implica un obstáculo para el cierre del trato. Como el comprador no tiene claro qué beneficio obtendrá al adquirir tu producto o servicio, te dice: «Déjeme pensarlo», que en realidad es otra manera de decirte adiós para siempre.

¿De qué manera tu producto o servicio mejora la vida o el trabajo de tu cliente? No olvides que, de acuerdo con estudios psicológicos que se han realizado, los clientes compran por la manera en que creen que se sentirán una vez efectuada la transacción. Dicho de otra forma, lo que se preguntan es: «¿Cuál sería el resultado si yo adquiriera este producto o servicio?». El cliente se proyecta hacia el futuro, al momento posterior a la compra, y tiene que visualizarse con claridad en una situación mejor. Si adquiere lo que le ofreces, ¿estará mejor que si usara su dinero para comprar otra cosa?

Pregúntate lo siguiente: ¿por qué tus clientes no te compran? ¿Qué se lo impide? Si resulta evidente que tu producto o servicio les conviene, ¿por qué te dicen que no? ¿Qué perciben y por qué eso los hace dudar? Si lograras identificar el problema y eliminarlo, podrías incluso duplicar tus ventas y tus ingresos, construir un negocio exitoso y alcanzar la independencia financiera.

¿Quiénes son tus competidores? ¿Por qué tu cliente prefiere comprarles a ellos? ¿Cuál es su percepción? Desde la perspectiva de tu cliente, ¿qué hace más atractivo lo que ofrece el competidor? ¿Cómo podrías solucionar esto? ¿Cómo minimizar la ventaja de tu competidor? Lo que ofrecen tus competidores, ¿lo puedes reemplazar con algo que tú hagas mejor?

¿Cuál es la originalidad de tu propuesta de venta? Con esto me refiero al beneficio o ventaja que solo tú puedes ofrecerle a un cliente, y por el que ella o él estaría dispuesto a pagar. ¿Cuál es tu ventaja competitiva? ¿Qué es lo que hace que tu producto o servicio sea superior a los de tus competidores? ¿En qué área eres excelente? ¿Qué ofrece tu producto o servicio que sea mejor que cualquier otra cosa en el mercado?

Todas estas preguntas son esenciales para el éxito en los negocios. Si no sabes qué es lo que hace que tu producto o servicio sea único, si no sabes qué te hace superior a tus competidores o en qué área eres excelente, no podrás ni siquiera preparar una buena presentación simple de negocios. No podrás crear un anuncio. Vaya, no podrás ni siquiera identificar al cliente.

En cuanto inicies tu negocio, dedica el 80 % de tu tiempo y esfuerzo a las áreas de ventas y adquisición de nuevos clientes. Los negocios que triunfan tienen algo en común: ventas elevadas. Los negocios que fracasan, en cambio, venden poco. Si no tienes mucho dinero al principio, empieza poco a poco y ve probando paso a paso y con cautela.

CÉNTRATE EN LA LIQUIDEZ

Trata de hacer crecer tu negocio hasta conseguir liquidez y ganancias. No es necesario que vendas tu casa y tu automóvil, ni que arriesgues todo para comenzar la aventura. Puedes empezar con un negocio modesto y una inversión limitada, e ir aprendiendo las técnicas necesarias a medida que vayas creciendo.

Mantén un registro detallado de todas las transacciones que realices. Ten claro siempre de dónde viene tu dinero y adónde se va. Muchas empresas nuevas compran un producto o servicio por cincuenta centavos y lo venden por un dólar y creen que están obteniendo una ganancia del 100 %, pero a fin de mes se sorprenden al ver que están perdiendo dinero. Eso pasa porque no han tenido en cuenta la gasolina, el alquiler, los servicios, los sueldos de los empleados, el coste de los envíos, las facturas del teléfono, su propio salario, las comidas… Algunos empresarios no se dan cuenta de que incluso con un sobreprecio del 100 % pueden terminar en la ruina.

Necesitas saber de dónde proviene tu dinero y adónde va. De nuevo, te recomiendo hacer una lista: incluye en ella cada centavo que gastes y que recibas, todo ello forma parte de la base de tu contabilidad. Mejor aún, consigue un sistema contable en línea y todos los días incorpora la información de cada centavo en el lugar que le corresponda.

Concéntrate siempre en las ganancias netas de tu negocio, no en el volumen bruto de ventas. Es decir, lo que importa no es el bruto, sino el neto. Céntrate en cuánto tendrás de ganancia cuando sustraigas los gastos. Asegúrate de que lo que hagas justifique la cantidad de trabajo e inversión que estás aportando.

Céntrate en la liquidez. La cifra más importante en toda empresa es la del flujo de caja neto, que es como el flujo sanguíneo y el oxígeno que deben llegar al cerebro de tu negocio. Si, por alguna razón, el efectivo deja de fluir durante algún tiempo, tu negocio podría colapsar de la noche a la mañana, así que presta siempre muchísima atención a este aspecto.

La primera regla para él éxito en los negocios es no perder dinero. Un multimillonario dijo en una ocasión que él tenía dos reglas. La primera era no perder dinero, y la segunda era: de llegar a sentirse tentado, volver siempre a la regla número uno. Es mejor que el dinero permanezca en el banco generando intereses, que perderlo. Porque, cuando uno pierde dinero, también pierde el tiempo que le llevó acumularlo. No solo se trata del aspecto económico, sino del temporal también. Estamos hablando de semanas, meses e incluso años de nuestra vida.

LA BOLSA DE VALORES

Ahora hablemos de la inversión en la bolsa de valores, porque es un tema muy popular. Después de hacer una investigación exhaustiva, creo que te puedo ofrecer varias reflexiones importantes.

La primera es que los millonarios que amasan su propia fortuna no lo hacen gracias a su actividad en la bolsa de valores. De hecho, muy poca gente gana dinero en ella. El 80 % de los expertos en esta área, gente con muchos años de experiencia, es incapaz de superar el rendimiento medio de la bolsa. De los miles de fondos de inversión que hay y que manejan los directores financieros más astutos del mundo, el 80 % no supera ese rendimiento medio. Dicho de otra forma, si tomaras una página del *The Wall Street Journal*, vieras la lista de acciones de la Bolsa de Valores de Nueva York, lanzaras dardos y compraras las acciones que marcaron los dardos al caer, te iría igual de bien que al 80 % de las mentes financieras más destacadas que trabajan hoy en día en los mercados financieros.

Los millonarios que amasan sus propias fortunas pueden guardar su dinero durante algún tiempo en la bolsa de valores, pero, por lo general, lo hacen en acciones seguras con valor estable. Me refiero a acciones sólidas y reconocidas como las de Microsoft o Coca-Cola, las cuales no tienen muchos altibajos porque venden productos y servicios esenciales a una gran cantidad de gente.

Estos millonarios invierten un promedio de seis minutos diarios en revisar sus inversiones. Si le preguntaras a uno: «¿Qué tal te va la cartera de inversiones?», te diría que no tiene ni idea porque rara vez le echa un vistazo. Lo único que ha hecho ha sido tratar de invertir con cautela y luego retomar su trabajo principal.

Warren Buffett se convirtió en uno de los hombres más ricos del mundo comprando y vendiendo acciones: es la persona más capaz del mundo para operar en bolsa y el valor neto de su patrimonio en 2021 se estimó en 108.000 millones de dólares. Hace poco escribió que, hoy en día, en el mercado de valores no había nada que valiera la pena comprar. ¿Por qué? Porque las acciones no añaden valor. Entrar y salir del mercado, comprar y vender no lo genera. El intercambio de acciones no añade valor. La única manera en que puedes adquirir y lograr una riqueza considerable es añadiendo valor de una forma u otra.

Si vas a invertir en la bolsa de valores, tal vez lo mejor sería que lo hicieras en fondos indexados. Este tipo de fondos hacen seguimiento del mercado, tienen mejor desempeño que casi todos los fondos de inversión, así como el coste más bajo de adquisición y ventas. Por ejemplo, compran un poco de todas las acciones del Dow Jones o el Standard & Poor's durante un intercambio específico, con lo que tu inversión simplemente obtendrá rendimientos promedio.

EL MERCADO INMOBILIARIO

La inversión en bienes raíces es otra de las claves para la creación de riqueza. La propiedad de un inmueble que produce ingresos es una de las fuentes de riqueza más importantes en Estados Unidos. Es posible comprar bienes raíces sin adelantar dinero, pero para eso se requiere un vendedor muy motivado, alguien que esté ansioso por vender y no tenga una idea clara de lo que vale su propiedad. Un vendedor motivado podría ser alguien que tiene que ofertar su casa porque acaba de declararse en bancarrota, de divorciarse o de ser transferido a otro estado, o porque ha sufrido una pérdida importante. Dicho de otra forma, necesita deshacerse de la casa y, quizá, no sepa cuánto vale.

En cuanto a la inversión en bienes raíces sin adelantar dinero, los expertos recomiendan analizar cien propiedades antes de hacer una lista de diez por las que se podría realizar una oferta. De estas diez casas, tal vez puedas comprar una. Por lo tanto, se requieren varias semanas o incluso meses de trabajo arduo para encontrar una propiedad que se pueda adquirir sin adelantar dinero.

También es importante ser muy cauteloso al comprar en subastas, porque recuerda que el dinero fácil no existe. Debes prestar atención a cada centavo y hacer lo necesario para no perder dinero. Incluso si logras adquirir una propiedad sin adelantar dinero, de todas formas tendrás que cubrir comisiones a los bancos, comisiones por hipoteca, gastos de tramitación, honorarios de abogados, escrituras y toda una serie de gastos accesorios. Además, todo esto tiene que pagarse en efectivo y de inmediato. Una vez que seas el propietario, tendrás que pagar todos los gastos de mejora, reforma, reparaciones y anuncios para encontrar inquilino. Si no aparece uno pronto, tendrás que pagar de tu bolsillo los gastos mensuales operativos y de la hipoteca. Muchas casas y edificios de oficinas, por ejemplo, se pueden adquirir sin adelantar dinero, lo cual parece perfecto, pero luego permanecen desocupados hasta seis meses y el dueño tiene que cubrir los gastos todo ese tiempo.

Uno de los mejores métodos para iniciarse en el mercado inmobiliario consiste en adquirir una casa deteriorada por debajo del precio del mercado y luego arreglarla. Al terminar, la alquilas o la vendes y generas una ganancia.

La primera vez que se compra y arregla una casa se necesitan meses o incluso un año. La segunda vez se tarda menos tiempo, quizá seis meses. Cuando ya se cuenta con unos tres años de experiencia, se pueden comprar, arreglar y revender entre cuatro y seis casas al año, y en cada ocasión se genera una ganancia con muy bajo o nulo riesgo. He conocido gente que empezó a hacer esto cuando todavía tenía otro empleo, así que visitaban las casas los fines de semana.

Una pareja me contó que arreglar su primera casa les costó seis meses; la tercera, dos o tres; la cuarta, dos meses, y la quinta, un mes. Al cabo de un año, estaban comprando, arreglando y alquilando o revendiendo una casa al mes, y ganando entre veinte mil y treinta mil dólares netos por cada una.

Esta pareja no tenía como objetivo ganar un millón de dólares, solo se dedicaba a esto los fines de semana. Después de algún tiempo consiguieron contratistas que empezaron a encargarse de las reformas. Luego encontraron banqueros e instituciones que los financiaron. Siempre tenían contratados anuncios para encontrar inquilinos. El simple hecho de comprar y arreglar casas les permitió generar un patrimonio sustancial a la vez que conservaron sus empleos.

Al realizar esta labor, añades valor a los bienes raíces: los haces más atractivos para poder alquilarlos a un precio más elevado, lo cual aumenta su valor en el mercado. También puedes venderlos y obtener una ganancia. La clave del éxito en los bienes raíces consiste en pensar a largo plazo, es decir, en hacer lo que suelen hacer los millonarios que amasan sus propias fortunas.

Nunca compres un inmueble con la idea de especular y creyendo que podrás venderlo y obtener una ganancia. Antes de comprar algo, piensa que continuarás siendo el dueño unos cinco o diez años.

Especular con la compra-venta de propiedades es como jugar a las sillas musicales. Cuando la música se acaba, siempre hay alguien que se queda de pie y sin silla. Hoy en día hay miles o millones de personas que jugaron a las sillas y terminaron sin nada, en bancarrota, en la ruina total. No permitas que esto te suceda a ti también.

Una de las claves en esta área es conocer todos los detalles de la propiedad. Imagina que adquirir un inmueble es como comprar acciones en cierto vecindario, de la misma manera que adquirirías acciones de una empresa en la bolsa de valores. Entérate de cada detalle de la propiedad, la ciudad, el vecindario, la economía local, las escuelas de la zona, los centros comerciales y las calles y carreteras. Familiarízate íntimamente con la propiedad antes de comprarla. Los agentes inmobiliarios más competentes caminan por toda la propiedad y el vecindario, lo hacen a diferentes horas del día, entre semana, los fines de semana y por la noche. Escuchan el ruido del tráfico y averiguan de dónde proviene.

La primera vez que compré una casa era verano. El precio era justo y sentí que me estaban ofreciendo un buen trato. Luego se cayeron las hojas de los árboles y, de repente, lo que amortiguaba el ruido desapareció. Resultó que a una manzana y media había una carretera con mucho tráfico y en casa se empezó a oír las veinticuatro horas del día el rugir de los camiones, los coches y las motos. Por la noche necesitábamos tapones para los oídos porque, de lo contrario, el ruido no nos dejaba dormir.

A partir de ese momento, siempre que he tenido que volver a comprar un inmueble, primero he investigado la zona con detalle para asegurarme de que no haya carreteras que suman el vecindario en un infierno de ruido en ciertas épocas del año.

EL HÁBITO DE AHORRAR

Tu objetivo a largo plazo es alcanzar la independencia financiera, y la manera más sencilla de lograrlo es desarrollando el hábito de ahorrar entre el 10 y el 20 % de tus ingresos a lo largo de toda tu vida.

Si, como la mayoría de la gente, hoy empiezas este proyecto endeudado, puedes comenzar por ahorrar el 1 % de tus ingresos y vivir con el 99 %. En cuanto logres esto, aumenta tu índice de ahorro al 2 %, luego al 3 %, al 5 % y, en algún momento, al 10 %. Al cabo de un año, aproximadamente, podrás vivir muy cómodo con solo el 80 o el 90 % de tus ingresos, y estarás ahorrando e invirtiendo el resto. Si haces esto siempre, llegarás a ser millonario.

Este método funciona porque los seres humanos son criaturas de hábitos. Es decir, primero te acostumbras a gastar todo lo que ganas, pero si empiezas a apartar un dinero para ahorrarlo antes de tocar tu sueldo para cualquier cosa, te acostumbrarás a vivir con lo que reste. Al cabo de poco tiempo, eso que te parecía un poco difícil al principio, dejará de representar una incomodidad. Y así, tu patrimonio empezará a crecer.

Los millonarios que amasan sus propias fortunas desarrollan el hábito de vivir dentro de sus posibilidades. De hecho, la clave del éxito financiero se puede resumir en seis palabras: gasta menos de lo que ganes. Gasta menos e invierte el resto.

LAS CINCO COSTUMBRES PROHIBIDAS

Hay cinco costumbres que debes evitar:

1. No trates de ganar dinero fácilmente ni te dejes llevar por proyectos o ideas que prometan hacerte rico de la noche a la mañana.
2. No trates de obtener recompensas sin trabajar. La gente que alcanza el éxito financiero trabaja con ahínco y durante mucho tiempo.
3. No esperes que alguien más haga las cosas por ti: tú eres el responsable de tu vida.
4. No confíes en la suerte ni esperes que suceda un milagro. En el aspecto financiero, nunca se presentan.
5. No esperes tener éxito la primera vez. Antes de adquirir experiencia y obtener la sabiduría que necesitas para amasar y conservar una fortuna, cometerás cientos de pequeños errores.

LAS CINCO COSTUMBRES QUE DEBES OBSERVAR

Permíteme terminar este capítulo con cinco costumbres o hábitos que deberías adoptar para lograr el éxito económico:

1. Estudia y entiende todos los aspectos de cualquier inversión que hagas. Si no entiendes una inversión, es mejor que no arriesgues tu dinero en ella.

2. Busca todo el tiempo maneras de añadir y aumentar el valor en cada situación.

3. Prepárate para hacerte rico de manera gradual. Todas las fortunas sólidas de verdad son producto de la creación paciente de recursos a largo plazo.

4. Sé frugal siempre. Ten cuidado y analiza cómo invertir y gastar tu dinero. Cuídalo siempre como si fueras un halcón.

5. Decide hoy mismo aumentar tu índice de ahorro del 10 al 20 % de tus ingresos para toda la vida. Luego invierte la diferencia de manera informada. Y, por último, no pierdas dinero.

Todas las habilidades necesarias para generar dinero se pueden aprender; puedes aprender cualquier cosa que necesites para alcanzar las metas que te propongas. Casi toda la gente que hoy en día es rica empezó siendo pobre. Si analizas lo que han hecho otras personas para alcanzar el éxito financiero, y si repites sus comportamientos y acciones, tarde o temprano tendrás los mismos resultados: alcanzarás la independencia financiera que esperas y anhelas.

8

Cómo hacerse millonario

Anteriormente he mencionado que en los próximos años habrá más oportunidades que nunca de que mucha gente se haga millonaria. Sin embargo, es importante señalar que las reglas para lograrlo siempre han sido las mismas.

GASTA MENOS DE LO QUE GANES

Como he dicho con insistencia en el capítulo anterior, debes gastar menos de lo que ganes, y ahorrar o invertir lo que reste. Hace unos años impartí un seminario sobre logros y éxito financiero. Durante el descanso, varias personas muy bien vestidas se quedaron de pie rodeándome al fondo del escenario. Un joven se abrió paso entre la multitud. Daba toda la impresión de que se encontraba en una mala situación: venía mal vestido y, en cuanto empezó a hablar, resultó obvio que tenía un problema mental, o al menos eso me hizo suponer su insistencia.

—Señor Tracy, ¿yo también puedo alcanzar el éxito? —me preguntó. Yo no sabía qué responder, pero entonces continuó—: Señor Tracy, yo vivo en un hogar comunitario —dijo, y entonces comprendí mejor su situación—. Reparamos muebles —con esto comprendí su tipo y nivel de competencias—. Ahorro cien dólares al mes. Si continúo haciéndolo, ¿llegaré a tener éxito, señor Tracy?

Aunque no lo hago con frecuencia, justo el día anterior había estado leyendo cuadros con cifras que explicaban el interés compuesto, y descubrí que si ahorras 100 dólares al mes y los inviertes en un buen fondo con un crecimiento del 10 % anual, y lo haces entre los veinte y los sesenta y cinco años, podrías alcanzar un valor neto de 1.118.000 dólares. A ese joven, sin ventajas en la vida, alguien le había dado un buen consejo. Con esos 100 dólares mensuales de su salario que ahorraba, tenía la oportunidad de llegar a ser una de las personas más ricas de su comunidad. Podía llegar a ser más rico que muchos médicos, abogados, arquitectos, ingenieros y gente de negocios que no ahorraban tanto como él, porque, como dijo Albert Einstein: «El interés compuesto es la fuerza más poderosa del universo».

Si invirtiendo 100 dólares al mes de manera regular puedes hacerte rico, imagina lo que lograrías si ahorraras 200, 300 o 500 dólares. Gasta menos de lo que ganes, ahorra el 10 % de cada cheque de nómina que recibas y vive con lo que te quede. Como ya he dicho, si no puedes hacer esto, empieza con el 1 % y vive con el 99 % hasta que desarrolles el hábito y te parezca fácil y natural vivir con menos dinero.

Cuando era joven y apenas empezaba, Lloyd Conant, fundador de la empresa de programas de audio Nightingale Conant, me dijo: «Brian, tienes el potencial de ganar mucho dinero en tu vida, pero recuerda: lo importante no es cuánto ahorres, sino cuánto logres conservar de eso».

¿Cómo puedes conservar tu dinero? Es muy sencillo: retrasa, difiere y procrastina en todo lo referente a gastos. Si estás planeando comprar una casa, un coche o una embarcación, o tal vez hacer un viaje, concédete treinta días para decidir. Nunca te apresures a hacer un gasto oneroso, ni siquiera si se trata de un equipo de música para el hogar. Si haces esto, notarás algo asombroso: tal vez pienses durante algún tiempo en ese gran gasto, pero el deseo empezará a desvanecerse. Pensarás: «Mmm, tal vez sería mejor que ahorrara ese dinero y lo invirtiera en algo que creciera en lugar de gastarlo en este momento».

Esta es la mentalidad de los millonarios que amasan sus propias fortunas. Nunca compres nuevo algo que puedas conseguir usado. Según los estudios realizados entre millonarios que empezaron de cero, ellos nunca compran automóviles nuevos. ¿Por qué? Porque, debido a la depreciación, si compras un coche nuevo, con solo sacarlo del concesionario ya perderá el 30 % de su valor. Los millonarios de los que te hablo compran buenos automóviles usados, de hace dos o tres años porque, aunque ya han sufrido la depreciación, la garantía continúa vigente. Compran este tipo de vehículos y los conducen diez años, hasta que se caen de viejos. Todo el dinero que otras personas usarían para comprar un coche nuevo, ellos lo aprovechan para adquirir propiedades, invertir de manera informada en sus negocios y poner su dinero donde pueda crecer. Si comprases un coche nuevo solo cada diez años, lo utilizases hasta que ya no diera más de sí, tomases todo el dinero que te has ahorrado y lo invirtieses de manera informada, darías un salto cuántico hacia la independencia financiera.

HAZ UN SEGUIMIENTO DE TUS GASTOS

Tú cuenta los centavos, y los dólares se cuidarán solos. Un estudio reciente muestra que la gente que hace un seguimiento de sus gastos ahorra un 50 % más que la que no lo hace.

Lleva siempre una pequeña libreta de espiral en el bolsillo, y cada vez que gastes dinero en algo, anótalo. Los psicólogos han descubierto que escribir algo te permite tomar conciencia de ello, es decir, le prestas mucha más atención. Si compras un café capuchino *latte frappé* doble con leche descremada de 4,35 dólares, anótalo. Si compras un periódico o una Coca-Cola, anótalos; si comes fuera, anótalo. En cuanto empieces a anotar y a llevar un registro de las cifras, te darás cuenta de que, de manera automática, gastas menos. La gente que hace esto durante un mes ha descubierto que, después de ese lapso, gasta un 50 % menos porque se da cuenta de que muchas de sus compras son irreflexivas e innecesarias. A veces ni siquiera pensamos en lo que estamos haciendo.

AÑADE VALOR

Como ya he comentado, toda la riqueza se genera al añadir valor de alguna manera. Uno añade valor haciendo las cosas que son más importantes, es decir, primero identificas lo que le interesa de verdad a tu cliente, y lo ejecutas. Cada vez que haces algo más rápido, de mejor manera y a un menor costo, estás añadiendo valor. Esa es la clave del éxito en los negocios: más rápido, mejor, más económico. Todos los días trata de identificar maneras de servirles a tus clientes con estas tres ventajas.

Otras formas de añadir valor son reducir costes y ofrecerle a la gente más de lo que quiere y necesita a precios que esté dispuesta a pagar. Recuerda la famosa cita del orador motivacional Zig Ziglar: «Con solo ayudar a los demás a obtener lo que desean, tú puedes conseguir todo lo que quieras en la vida».

DE DÓNDE VIENEN LOS MILLONARIOS

¿De dónde vienen los millonarios que han amasado sus propias fortunas en Estados Unidos? Digamos que el 74 % son empresarios conocidos como Bill Gates, su socio Paul Allen, Warren Buffett, Larry Ellison, Michael Dell o Sam Walton. Todos empezaron con las manos vacías y pusieron en marcha sus negocios con muy poco dinero y mucho esfuerzo. Como dato interesante, te diré que la fuente número uno de creación de empresarios multimillonarios es el sector de los teléfonos móviles.

La segunda fuente de millonarios que empezaron de cero, con un porcentaje del 10 %, es la de los ejecutivos con buenos salarios: gente que trabaja para empresas muy importantes y recibe un salario competitivo y opciones de acciones, y que ha sabido conservar el dinero que gana.

La tercera categoría de estos millonarios, con un porcentaje también del 10 %, consiste en profesionales como médicos, abogados, arquitectos o ingenieros que son exitosos en su carrera y han sabido acumular sus ganancias.

El siguiente grupo, equivalente al 5 % de los millonarios que han amasado su propia fortuna, procede del mundo de las ventas. Tal vez hayan trabajado para una o varias empresas, pero han vendido toda su vida. Generaron mucho dinero, lo guardaron y supieron conservarlo.

¿Cuál es la habilidad más importante para generar riqueza? Vender.

El éxito en la actividad empresarial se basa en la capacidad para poner en marcha un negocio y vender algo. Si combinas las categorías de los empresarios y los vendedores, es decir, el 74 % más el 5 %, notarás que el 79 % se han hecho millonarios gracias a las ventas.

El 1 % restante de riqueza no heredada en Estados Unidos proviene de todas las demás fuentes: escritores, estrellas de cine, inventores. Sin embargo, al ver los periódicos y las revistas, uno podría pensar que estas actividades representan la fuente principal de riqueza en nuestro país. No es así: es muy poca la gente que ha encontrado dinero por accidente, ha ganado la lotería o se ha hecho estrella del rock, es muy poca. Casi todo tu potencial para el éxito depende de tu habilidad para poner en marcha un negocio y vender un producto o servicio.

CUALIDADES DE LOS MILLONARIOS

Una de las cualidades más importantes de los millonarios que han amasado sus propias fortunas es la **honradez**. Earl Nightingale solía decir que si no hubiera honradez, tendría que inventarse, porque es la única manera de hacerse rico, y la razón es muy simple: todos los negocios se basan en la confianza. Para que alguien tenga éxito en esto, es necesario que la gente confíe en él o ella. Los clientes tienen que confiar al adquirir sus productos o servicios; el personal tiene que confiar en sus jefes; el banco tiene que confiar en ellos; también los proveedores. De hecho, si observas con cuidado verás que los empresarios son de la gente más honrada que hay. Si un empresario no lo es, tarde o temprano la gente se entera por los medios de comunicación. De los veintiséis millones de negocios que existen en Estados Unidos, solo una diminuta fracción falta a la honradez, porque en este negocio eso te puede llevar a la quiebra. De hecho, como tu integridad se vería comprometida, tendrías que mudarte a otro país y empezar de nuevo.

La segunda cualidad de los millonarios que han creado su propia riqueza es la **disciplina personal** o **autodisciplina**. Después de décadas de investigación, Napoleon Hill llegó a la conclusión de que la disciplina personal era la clave de la riqueza, es decir, la capacidad de obligarte a ti mismo a hacer lo que debes en el momento que debes, te apetezca o no. Despiértate sin ayuda de nadie por la mañana, ponte a trabajar, concéntrate en las tareas prioritarias, paga el precio del éxito y avanza en la vida. En el capítulo 10 hablaré más sobre la disciplina personal.

La tercera cualidad de los millonarios que no han heredado su fortuna es que **se llevan bien con los demás**. Para tener éxito, los millonarios de los que hemos hablado tienen que complacer a una gran cantidad de gente. Son personas simpáticas, suelen caer bien a los demás y todos quieren comprar sus productos o servicios. La gente está dispuesta a trabajar con ellos y para ellos, también a prestarles dinero. Es muy importante tomarse el tiempo necesario para ser agradable con la gente.

Asimismo, estos millonarios tienen cónyuges que los apoyan. Tener **un cónyuge que te respalde** te ahorra una enorme cantidad de energía porque, para empezar, no pasas la mitad de tu vida organizando citas y saliendo para conocer gente. Toda la energía que perderías en una relación problemática, o en encontrar pareja, la tienes a tu disposición y puedes usarla para centrarte en tu negocio. Al lado de casi todo millonario o multimillonario hay una mujer que lo apoya todo el tiempo. Al lado de toda mujer millonaria o multimillonaria, también hay un hombre sólido.

La quinta cualidad de este tipo de millonarios es que **trabajan con ahínco**. En las decenas de miles de entrevistas que se les ha hecho a estas personas, les han preguntado cómo lograron acumular un millón de dólares. Alrededor del 85 % dice lo mismo: «Yo no era el más hábil en la escuela ni sacaba buenas notas. Entonces me di cuenta de que a mucha gente le iba mejor que a mí, pero yo sabía que estaba dispuesto a trabajar más duro. Ellos, al contrario, no tenían la misma disposición que yo».

En una conferencia reciente, el presidente de una gran empresa nacional contó una historia muy inspiradora sobre un amigo suyo que ganó siete triatlones Iron Man consecutivos en Hawái. El Iron Man es el triatlón más exigente del mundo, tienes que correr cuarenta y cinco kilómetros, nadar cinco y recorrer doscientos en bicicleta. El presidente le preguntó a su amigo: «¿Cómo pudiste correr y ganar tantas ediciones del triatlón más exigente del mundo?», y el amigo le respondió: «Muchos de los participantes tienen una estructura física mejor que la mía, pero yo gano porque ellos no están dispuestos a sufrir tanto como yo».

¿No es esa la razón del éxito? La gente que triunfa está dispuesta a sufrir lo que sea necesario —noches y fines de semana de trabajo adicional, el estrés, las dificultades— y continuar esforzándose.

La sexta cualidad de los millonarios que han amasado su propia fortuna es que **hacen lo que aman**. La mayoría te dirá: «Yo nunca he trabajado, solo hago lo que me fascina, y me pagan muy bien por ello».

Mientras estés experimentando y probando con distintos empleos y carreras, busca algo con lo que de verdad disfrutes. Si te dedicas a ventas, busca un producto que te guste mucho, que uses y te emocione. Busca el tipo de clientes a los que te encantaría venderles y los mercados donde serías feliz trabajando, para que cuando vayas a la oficina te sientas feliz.

Verás que para tener éxito es esencial encontrar algo que te guste mucho. Ofrece un producto que adores y véndele a gente que de verdad te importe. Si, ahora mismo, no estás en ese caso, prueba en otro ámbito. Esto no significa que estés haciendo algo mal, sino que tal vez te encuentras en el lugar y el momento equivocados.

PADRE RICO, PADRE POBRE

Mi buen amigo Robert Kiyosaki es famoso por la filosofía «Padre rico, padre pobre», que se basa en que las personas se dividen en cuatro categorías. La primera es la de los **empleados**, quienes trabajan por un salario. Fuera de lo que incluye su nómina, no reciben beneficios fiscales. Para una persona que trabaja por un salario es difícil lograr la independencia financiera. Mi amigo

Mark Victor Hansen dice: «Tener trabajo les sirve para estar solo un poco por encima del nivel de pobreza».

La segunda categoría es la de la gente **autoempleada**. Se refiere a los autónomos, a quienes trabajan por comisiones, ingresos y bonos, y se mueven como lobos solitarios.

La tercera categoría es la de los **empresarios**. También son lobos solitarios, pero contratan a algunas personas para que hagan labores especializadas y, gracias a ello, pueden producir más que los autónomos.

El cuarto grupo es el de los **inversores**. Estas personas invierten su dinero para crear fuentes de ingresos, o lo que llamamos ingreso pasivo. Invierten en una empresa o negocio que está administrado por otros y genera ganancias constantes. Por ejemplo, los pozos petroleros, o los bienes raíces comerciales o residenciales.

La riqueza consiste en tener ingresos de otras fuentes. Tengo un buen amigo que emigró hace muchos años del Líbano. No hablaba inglés cuando llegó, pero ahora tiene muchísimo dinero. Un día, hace tiempo, tuvimos una conversación.

—Brian, ¿cuánto dinero ganas? —me preguntó.

—Pues me va bastante bien.

—Con lo que sé de tu negocio, diría que estás haciendo tal cantidad de dinero —dijo. Su cálculo fue bastante preciso. Luego me preguntó—: Aparte de tu trabajo, ¿cuántas fuentes de riqueza tienes?

—¿A qué te refieres?

—Si dejaras de trabajar, ¿cuánto dinero tendrías?

—Si dejara de trabajar, todo se detendría. Como un coche que se para de pronto porque se queda sin combustible.

—Entonces no eres un hombre rico. Ganas mucho dinero, pero no eres rico. Uno solo es rico si sigue recibiendo dinero trabaje o no trabaje.

Fue como si me hubiera dado una bofetada. A partir de ese momento cambié toda la estructura de mi vida financiera. Empecé a desarrollar en serio activos, a invertir y todo lo demás, porque la riqueza en realidad es como encontrar dinero en el buzón; es dinero que llega, trabajes o no.

En la filosofía «Padre rico, padre pobre», el objetivo es dejar de pertenecer al grupo de los empleados (ahorrando dinero) y pasar al de los autoempleados (trabajar por comisión), y luego al de los empresarios (con gente trabajando para ti), y al de los inversores (donde el dinero trabaja para ti y te sigue llegando, trabajes o no).

La regla dice que debes empezar con las manos vacías, como lo hace la mayoría en la tradición estadounidense. Es como formarse para un gran maratón. Todos empiezan a correr: unos ganarán y otros se quedarán atrás, con el resto del grupo. Habrá incluso algunos que llegarán a la meta cuando ya todos se hayan ido a casa.

Empiezas con mucho tiempo, pero nada de dinero. El objetivo es que durante el transcurso de tu vida laboral vaya cambiando esa proporción, es decir, que a medida que envejezcas tengas menos tiempo, pero más dinero. Al final, debes llegar al punto en que tu dinero gane más que tú. En ese momento puedes dedicarte ya a jornada completa únicamente a administrar tu dinero. Esa es la meta. En una etapa temprana de tu vida intercambias tiempo por dinero; más adelante, intercambias dinero por tiempo.

LAS CLAVES DE LA PLANIFICACIÓN FINANCIERA PERSONAL

A continuación te presento varias claves para que planees tus finanzas personales.

La primera es la **focalización**. Este concepto se refiere al hecho de establecer metas claras para tu vida. Necesitas, por ejemplo, definir los ingresos anuales que te gustaría obtener este año, el próximo y el siguiente. Define también tu ahorro mensual, o sea, ¿cuánto te has propuesto ahorrar cada mes? Escribe todo en la parte superior derecha de una hoja de papel.

El simple hecho de escribir estas cifras hace más probable que las alcances. Si no tienes idea de qué cifra deberías fijarte como ingreso anual, cuando recibas tu resumen de ingresos a final de año, mira cuánto has obtenido. Si no tienes idea de cuánto podrías ahorrar al mes, lo más probable es que, de forma natural, tiendas a gastar el dinero.

¿Cuánto quieres tener cada mes y cada año? Marca propósitos claros, recuerda que no puedes acertar a un blanco si no lo ves.

La segunda clave es **analizar tu situación financiera**. Calcula tu patrimonio neto. ¿Cuánto es exactamente? ¿Cuánto debes exactamente? ¿Con qué cantidad neta te quedarías si tuvieras que vender todo lo que posees? Analiza todos los aspectos de tu vida financiera y haz una lista. Imagina que tienes que vender todos tus activos y marcharte a otro país, que tienes que hacer una liquidación de emergencia, intercambiar tus pertenencias o hacer una «venta de garaje». ¿Cuánto obtendrías si tuvieras que deshacerte de todo?

Algunas personas podrían decir: «Mis muebles ascienden en conjunto a cien mil dólares». De acuerdo, pero si tuvieras que venderlos, ¿cuánto te darían por ellos? La respuesta es 10 centavos por dólar. Si tuvieras que vender casi todas tus pertenencias, serías muy afortunado si te pagaran 10 o 20 centavos por cada dólar de lo que valen. Sé sincero, ¿cuál es tu patrimonio en este momento y cuál es tu meta para cuando te jubiles?

Analiza tu situación actual, escribe cuánto tienes hoy en la parte superior izquierda de una hoja de papel. Al lado derecho escribe la cifra de tu meta para la jubilación y luego traza una línea entre ambas. Esta línea te indicará lo lejos que tendrás que ir para acumular veinte veces tus costes anuales.

La tercera clave es **recortar**, o sea, reducir tus gastos. Calcula de manera minuciosa todos tus gastos y piensa bien las cosas antes de pagar por algo. Antes de realizar un gasto, escríbelo, piensa en él y coméntalo con otras personas. No gastes de forma impetuosa. Si tienes que comprar artículos costosos, procrastina. Examina tus gastos mensuales más altos y busca maneras de reducirlos o eliminarlos.

La gente suele comprar o alquilar la casa más grande que puede pagar, sin pensar en que, por ejemplo, en junio de 2021, la fortuna de Warren Buffet alcanzó un valor neto de más de 108.000 millones de dólares, pero él sigue viviendo en la misma casa de hace treinta años, cuando empezó su carrera, y conduce el mismo coche desde hace diez. Antes de fallecer, Sam Walton conducía una camioneta pick-up, también de diez años de antigüedad. Esta actitud respecto al dinero es representativa de lo que hacían ambos: buscaban siempre maneras de reducir sus gastos. Tú tienes que hacer lo mismo.

La cuarta clave es **volverte más valioso**. Concéntrate en lo que ganas por hora. ¿Cuánto has ganado por hora hoy? Esta cifra la puedes calcular tomando tu salario o ingresos anuales y dividiéndolos entre 2.000, porque esa es la cantidad promedio de horas que se trabaja en un año. Por ejemplo, si hoy ganas 50.000 dólares al año, debes dividir eso entre 2.000. El resultado es 25 dólares por hora. Decidir duplicar tus ingresos implica duplicar tu pago por hora y obtener 50 dólares. ¿Qué puedes hacer para aumentar tu valor de manera que alguien esté dispuesto a pagarte 50 dólares por hora?

Esto nos lleva de vuelta a la regla de las tres tareas: ¿cuáles son las tres tareas que le aportan más valor a tu vida, y qué puedes hacer para ser cada vez mucho más competente en ellas? Aplica en tu trabajo la regla 80-20. ¿Qué tareas representan el mayor valor del 20 % de lo que haces? ¿De qué manera podrías pasar más tiempo durante el día realizándolas?

Por último, prepárate para cambiar de empleo. En un seminario se me acercó un joven, que me dijo que tenía veinticinco años.

—Señor Tracy, ¿sabe?, me gustaría mejorar mi vida, pero es que soy fontanero. He pasado varios años formándome. Ahora estoy en una empresa de fontanería, pero los únicos que hacen dinero ahí son los vendedores, porque venden suministros a contratistas —me explicó.

—¿Y por qué no se hace vendedor? —le pregunté.

—¿Y renunciar a todo lo que he aprendido para ser fontanero?

—Escuche —le dije—, olvídese de su formación. Su responsabilidad más importante es ganar lo más que pueda. Usted ya sabe casi todo sobre fontanería y tiene mucho en común con la gente con la que habla.

—Nunca pensé en ello. El problema es que no sé cómo vender.

—Puede aprender escuchando programas de audio, leyendo libros y asistiendo a cursos.

—Vaya, pues así lo haré —dijo.

Dos años después, este mismo joven se acercó a mí en otro lugar.

—Señor Tracy, ¿me recuerda? Yo era fontanero y usted me sugirió que cambiara de empleo. Lo hice y ahora gano tres veces más de lo que sacaba como fontanero a jornada completa. Nunca en mi vida había ganado tanto dinero. Tengo una casa mejor para mis hijos, un automóvil más grande y una vida más cómoda. También le puedo dar a mi familia mejores vacaciones. Muchas gracias por sus consejos.

Algunos empleos tienen un «techo» o límite, y a veces no lo sabes, pero ya has llegado ahí. Cuando por mucho que trabajes y por muy competente seas, la empresa no te va a pagar más, es hora de conseguir un empleo mejor. Estás preparado para ello y te has convertido en un «buen partido laboral», es decir, eres el tipo de persona que los empleadores querrán contratar.

9

Las claves del emprendimiento

Como hemos visto en el capítulo anterior, el 74 % de los millonarios que han amasado sus propias fortunas en Estados Unidos son empresarios. Por esta razón, es obvio que ser emprendedor e iniciar tu propio negocio es la ruta más factible para alcanzar el éxito financiero.

Para empezar tu propio negocio necesitas varias cosas. La primera es **aptitud**, es decir, debes ser muy competente en lo que hagas. La gente solo le compra a quien le parece que le puede servir mejor que nadie. Si alguien dice que los productos o servicios de tu competidor son mejores, deberás tomarlo como una afrenta personal. Concéntrate en unirte a los que conforman el 10 % de la parte superior de tu sector, y en ser excelente en tu trabajo.

La segunda clave para empezar tu negocio es el **cliente**. Tu primera misión consiste en conseguir un cliente; la segunda, conseguir otro cliente. La tercera, conseguir otro cliente. Tienes que encontrar clientes todo el día y no descuidar nunca a los que ya tienes. Los clientes son la base del éxito en los negocios. Como ya he dicho, las empresas exitosas tienen ventas elevadas, las mediocres tienen ventas bajas, el resto es palabrería.

La tercera clave es el **flujo de caja**. La gente de negocios exitosa piensa en el flujo de caja todo el tiempo. Yo sé, hasta en centavos, cuánto entra y sale de mi negocio todos los días. Tengo un informe muy completo en el que aparecen todos los movimientos, que detalla todas las ventas, con su importe en dólares y centavos de dólar; cada gasto y factura diarios. No le quito los ojos de encima al flujo de caja; soy como un médico tomándole el pulso a un paciente en cuidados intensivos. Es muy importante que hagas esto porque, como dice el orador motivacional Jim Rohn: «Ser incidental provoca accidentes».

CÓMO EMPEZAR

Antes de meterte en un negocio estudia y averigua todos los detalles. Trabaja en el área por lo menos uno o dos días. Trabaja los fines de semana, por las noches y trabaja sin cobrar. Di: «¿Sabe? Me gustaría aprender sobre este negocio, ¿podría trabajar gratuitamente para usted?». Nadie te dirá que no, todos contestarán: «Claro, bienvenido».

Una vez que estés dentro, pregunta y pregunta: «¿Por qué hace eso? ¿Por qué hace aquello? ¿Cómo funciona esto?». Muchos hacen esto para conocer un poco más el área y, después de unas horas o días, dicen: «Este negocio no es para mí» o «Me gusta esto, creo que podría hacerlo de manera competente».

Suscríbete a publicaciones en tu área de negocios y lee todo lo que puedas. Ve a charlas y ferias del sector, y asiste a todas las conferencias que ofrezcan los expertos.

Tengo un amigo que vino de Inglaterra como inmigrante y, para sobrevivir, empezó vendiendo espacios de publicidad en una revista modesta que terminó en la ruina. Luego trabajó para otra que también acabó mal. Luego trabajó para una tercera revista que tuvo el mismo destino. Entonces se dijo: «Creo que yo podría publicar una revista», y empezó a buscar opciones. La gente le había preguntado: «¿Por qué en este estado no hay revistas sobre deportes y pesca?», y entonces se le ocurrió: «Voy a crear una revista deportiva». Así empezó a publicar una revista no muy extensa y a vender espacios de publicidad porque tenía experiencia en esa actividad. Les pidió a otras personas que escribieran los artículos y él se dedicó a vender los espacios publicitarios de la revista.

Un año después, mi amigo ya era un editor incipiente con una revista modesta. Trabajaba desde casa y solo iba sobreviviendo.

Luego fue a un congreso para editores de revistas en Nueva York y asistió a una charla sobre contabilidad para publicaciones de spas.

—Digamos que toman su resumen financiero y en la parte superior ven todas sus ventas y luego todos los gastos. Deducen estos de las ventas, y en la parte inferior de la página ¿qué vemos? —dijo el orador.

—El balance.

—¿Y qué representa?

—Representa las ganancias o las pérdidas.

—Así es, esta es la manera en que lo hace la mayoría de la gente. Yo quiero que ustedes lo hagan de otra forma. Quiero que les den la vuelta a las cosas, que el balance esté en la parte superior. Ahí arriba escriban las ganancias que les gustaría obtener cada mes. Abajo escriban las ventas que tendrían que llevar a cabo para obtener esas ganancias y, por último, los gastos en que incurrirán. Empiecen por las ganancias en lugar de dejarlas al final. Podrían tener más suerte.

Para mi amigo aquella charla fue un punto de inflexión. Actualmente es dueño de veintinueve publicaciones. Es multimillonario y una de las personas más respetadas del país. Nunca ha perdido dinero, ni un solo mes, ni en ninguna de sus revistas, lo cual es rarísimo en ese sector. Todo se debió a aquella charla a la que asistió, en la que un contable habló de una sola idea.

Te cuento esta historia porque nunca sabes de dónde surgirá una idea brillante y, por lo tanto, debes exponerte a muchas. Tienes que ir donde se encuentran. Es decir, si quieres pescar, ve donde haya peces. Si quieres aprender a dirigir bien un negocio, ve donde otras personas de tu ramo hablen sobre cómo hacerlo. Lee, escucha, aprende, habla y pide asesoramiento.

HAZ CRECER TUS GANANCIAS

Empieza poco a poco y haz crecer tus ganancias. Alguien podría decir: «No puedo conseguir un préstamo bancario para iniciar un negocio». Claro que no puedes: los bancos no les prestan dinero a las *startups* o negocios incipientes. Tampoco los inversores de capital de riesgo. Nadie le da dinero a alguien que apenas empieza. Digamos que el 90 % de los negocios nuevos se fundan con lo que en inglés llaman *love money*. El capital amoroso es tu propio dinero o dinero que te dan tus amigos y los miembros de tu familia, es decir, gente que te quiere. Comienza con un capital modesto, vende algo, obtén una ganancia y vuelve a empezar el ciclo.

Hay una manera excelente de poner en marcha un negocio que muchos han utilizado con magníficos resultados y los ha hecho ricos. Se trata del marketing multinivel, es decir, la venta y distribución de productos a través de particulares. Este sistema te ofrece excelentes productos y servicios, de muy alta calidad, de salud, belleza y cuidado del hogar, entre otros. En lugar de venderlos a través de minoristas, adonde tendrían que llegar como suministros distribuidos por mayoristas que, a su vez, los recibirían de intermediarios, las empresas toman el dinero que, por lo general, tendrían que pagar en concepto de comisiones y sobreprecios, y lo inyectan en la red de particulares. Ese 40, 50 o 60 % del precio en tiendas minoristas va a la gente que vende el producto o servicio de manera personalizada a cada comprador.

El marketing multinivel o *network marketing* es un negocio a escala mundial de 140.000 millones de dólares y se sigue extendiendo como un incendio forestal. Puedes empezar con una inversión de cien dólares y hacer crecer tu negocio con base en tus propios resultados. Es una excelente manera de comenzar.

Lo fundamental en el marketing multinivel es vender algo que te guste, en lo que creas, que uses y te dé beneficios, y que te parezca que las otras personas disfrutarían y encontrarían ventajoso. Si puedes encontrar un producto o servicio así, serás un gran vendedor.

APRENDE LOS RUDIMENTOS

También puedes empezar en el negocio de otras personas y aprender ahí los rudimentos. ¿Te interesa adquirir una franquicia de Burger King? Entonces tienes que trabajar unas cuatrocientas horas en un Burger King. Una vez que hayas solicitado la franquicia tendrás que trabajar en cada una de las áreas del negocio hasta que estés inmerso en la hamburguesología (sí, la llaman así). Y después de todo ese trabajo, deberías ser capaz de decir: «Sí, este es el negocio en que quiero involucrarme». Hay muchísima gente que piensa: «Quiero una franquicia de Burger King», pero se echa para atrás en cuanto trabaja en una porque se da cuenta de que no es para él o ella. El mejor momento para descubrir que un negocio no te conviene es antes de involucrarte en él.

Una vez que hayas iniciado tu negocio, en lugar de usar capital e inversión para mantenerlo trata de hacerlo con astucia y energía. Siempre que puedas, sé creativo y utiliza la inteligencia, el trabajo arduo, tu personalidad y tu carácter en lugar de invertir dinero. Hace un par de años me dirigía a dar una conferencia a mil empresarios en potencia. Me detuve en una librería y encontré un libro llamado *1,001 Businesses You Can Start for Less than $100*. Ahí estaban todos los negocios posibles, página tras página. La gente me dice: «No tengo suficiente dinero para empezar un negocio», sin embargo, hay mil que se pueden poner en marcha con menos de cien dólares y que puedes hacer crecer con tu propio esfuerzo.

La clave del éxito en todos los negocios es contar con habilidad de ventas, y eso es algo que puedes aprender. Puedes, por ejemplo, tener una empresa promedio con un producto ordinario y poca trayectoria, pero si eres un vendedor de alto nivel, te harás rico. En cambio, podrías tener el mejor producto, el mejor mercado a tu disposición y la mayor demanda, pero si no sabes vender, pasarás toda la vida preocupado por el dinero.

Antes de empezar, diseña un plan de negocios. Este documento te hace toda una serie de preguntas sobre los temas esenciales, como producto, clientes, mercado, financiación, publicidad, promoción, producción, servicio, estándares y contabilidad, entre otros. Al redactarlo te ves forzado a contestar las preguntas cruciales respecto a lo que podría fortalecer o destruir tu negocio. Para empezar, puedes entrar en internet, buscar un formato prediseñado de plan de negocios, descargarlo y llenar los campos.

Mucha gente hace su plan de negocios y, de pronto, descubre algo que le hace decir: «Pensé que era una idea genial, pero no puedo llegar ahí desde aquí. Ahora que he respondido a todas estas preguntas, veo que no es buena idea en absoluto. Muy pocos clientes podrían pagar lo que quiero cobrar. Tampoco puedo hacer que mucha gente deje de usar el producto de la competencia y cambie al mío». Un plan de negocios te ayuda a pensar en todos estos aspectos antes de que sea demasiado tarde.

Cuando hayas empezado, dedica el 80 % de tu tiempo a las ventas y la mercadotecnia. Olvídate de la contabilidad y de cómo llevar los libros, olvídate de las cajas para embalaje y de cómo cargar los camiones. Invierte el 80 % de tu tiempo tratando de averiguar cómo dominar el mercado: es lo más importante de todo.

Asimismo, practica la frugalidad en todos los aspectos. La gente de negocios exitosa es muy sobria; quienes no tienen éxito es porque suelen despilfarrar. Durante el estallido de la burbuja puntocom en Silicon Valley había gente que obtenía cantidades colosales de financiación proveniente de inversores de capital de riesgo antes de siquiera contar con una empresa. Lo peor es que se gastaba el dinero en cosas asombrosas. Un grupo de empresarios, por ejemplo, creó una empresa puntocom, y decidieron recaudar fondos mediante un extravagante evento en Las Vegas, al que invitaron a inversores de capital de riesgo de todo el país. Gastaron trece millones en un evento que duró una noche, a pesar de que solo tenían catorce millones de presupuesto inicial. Llevaron a la empresa que aún no existía del todo a la quiebra, y el dueño terminó en la cárcel por fraude.

Sé muy estricto con tus gastos, acostúmbrate a usar muebles y equipo de segunda mano, y haz lo mismo con las oficinas. Compra cuidadosamente y solo cuando sea estrictamente necesario. Adquiere solo la cantidad que necesites en ese momento. Actúa como si tu negocio estuviera todo el tiempo al borde de la bancarrota y busca maneras de mantener tus costes bajos, al mínimo.

Por último, aprende de cada error que cometas y cada experiencia que vivas. Pronto descubrirás que todos los negocios son un ejercicio de prueba y error. Cuando pones en marcha uno nuevo siempre cometes una gran cantidad de errores, es normal. Sin embargo, después de cada experiencia haz una pausa y pregúntate: «¿Qué he aprendido de esto? ¿Con qué debo quedarme para ser mejor y más inteligente la próxima vez?».

Cuando hables sobre las lecciones de la experiencia, toda la gente de tu empresa adoptará una actitud positiva, los «interruptores mentales» se iluminarán al máximo y todos serán más creativos.

Como te he sugerido en un capítulo previo, usa las dos preguntas mágicas: «¿Qué he hecho bien?» y «Si tuviera que volver a hacer esto de nuevo, ¿qué haría distinto?».

PEDIR PRESTADO AL BANCO

Todos hablan de pedir dinero prestado a un banco, pero lo primero que debes saber es que los bancos sobreviven y prosperan gracias a que solo hacen préstamos generosos a los clientes que les pagarán pronto.

Por favor, entiende esto: cuando hablas con un banquero, él o ella no te ve como una persona, sino como una fuente de ingresos para su institución. El banco te presta el dinero a un interés más alto que el que ellos pagan. El éxito o fracaso de la persona que está al otro lado del mostrador depende de si realiza buenos préstamos. Es decir, si el banquero presta dinero y obtiene buenos resultados, lo ascienden. Si hace un préstamo y el cliente no paga, al banquero lo despiden y lo vetan en el sector.

Cada vez que un banquero te mira, lo hace con mucha cautela. Como podrás imaginar, no son gente a la que le guste arriesgar mucho. De hecho, los bancos son negocios que tratan de permanecer en la zona de cero riesgo.

Un banquero me confesó que cuando ellos evalúan si deben prestar dinero o no, se fijan en las cinco C o aspectos esenciales del crédito:

1. **Calificación de crédito.** Los banqueros pueden encender el ordenador, introducir tu nombre, obtener en dos segundos tu calificación de crédito de tres empresas calificadoras e imprimirlo. Tu calificación les dice cuánto pueden prestarte con base en las regulaciones bancarias, pero también les indica cuánto deberían cobrarte por concederte el crédito. A veces el coste puede ser muy elevado, por eso tu calificación de crédito es una cifra personal. Debes ser muy meticuloso en este aspecto porque la calificación es el primer paso para cada centavo que pidas prestado a lo largo de toda tu vida.

2. **Colateral o garantía: los otros activos.** Una vez fui a un banco para pedir dinero prestado para mi empresa y tuve esta conversación con el banquero:

—¿Qué más tiene? —me preguntó.

—¿Qué quiere decir? ¿Cómo que «qué más tengo»? —pregunté—. Tengo mi empresa, eso es todo.

—No, nosotros no consideramos que su empresa sea un activo, porque si no tiene éxito no tendrá valor. Queremos saber si tiene una casa, un automóvil, inversiones en bienes raíces, etcétera.

Como podrás ver, antes de prestarme un centavo, querían una lista con todos los activos que poseía.

Los bancos quieren que tengas bienes colaterales cuyo valor exceda en mucho lo que estás pidiendo que te presten para tu negocio. De hecho, este banquero me dijo que cuando alguien va al banco por primera vez, le piden cinco dólares de garantía por cada dólar que le presten, por si acaso algo sale mal.

3. *Cashflow* **o flujo de caja.** Los banqueros quieren estar enterados de todo el dinero que entre en tu empresa y de todas las otras fuentes de liquidez de las que podrías valerte para pagar tu deuda. No solo les preocupa tu empresa, también quieren saber cuánto gana tu esposa y cuánto podrías obtener por una póliza de seguros, inversiones o bonos. Quieren que pongas sobre la mesa hasta el último centavo.

4. **Compromiso.** ¿Cuánto de tu propio dinero has invertido en tu negocio? ¿Cuánto del dinero que de verdad te duele está involucrado?

   Si no has invertido dinero de tu propio bolsillo, el banco se mostrará reticente a prestarte del suyo.

5. **Carácter.** Este es el último aspecto en el que se fijan los banqueros. Por «carácter» me refiero a tu forma de ser y la reputación que esta te ha forjado. ¿Tu reputación es buena? ¿La gente de tu comunidad te reconoce como una persona que paga sus deudas? A menudo, tu carácter llega a ser más importante que cualquier otro aspecto, es decir, si la gente sabe que siempre pagas tus deudas, pase lo que pase, estará mucho más dispuesta a prestarte dinero.

UNA BUENA QUÍMICA

De ser necesario, visita varios bancos hasta encontrar un banquero que esté dispuesto a trabajar de tu lado. Es como cuando uno decide casarse: tiene que asegurarse de que la química sea buena. Cuando decidas trabajar con un banco, asegúrate de llevarte bien con el banquero. Puede que necesites tener varias «citas» antes de encontrar al ejecutivo correcto.

Una vez que lo hayas elegido, mantenlo informado de cualquier cambio. Si ves que en algún momento no vas a ser capaz de pagar tus letras, házselo saber. Invierte mucho tiempo y esfuerzo en fortalecer la relación, y luego asegúrate de mantenerla sólida.

Te diré un secreto: los banqueros odian las sorpresas. Odian enterarse de que no puedes realizar tus pagos mensuales de los intereses o del principal. Necesitan que los avises con mucha antelación.

Hace algunos años tuve fuertes problemas financieros y gracias a eso descubrí que un préstamo bancario permanece al corriente siempre y cuando se paguen los intereses. Yo me había comprometido a pagar el capital y los intereses cada mes, así que fui a ver a mi banquero y tuve una breve conversación:

—Mire, en este momento estoy corto de fondos —confesé—, pero continuaré pagando los intereses.

—Está bien, comprendemos que eso puede suceder —me dijo.

Los bancos entienden que las empresas pasan dificultades. Yo siempre llevo al día el pago de los intereses, y mi calificación de crédito está por encima de 800 puntos, así que, si algún día tienes un contratiempo y no puedes pagar el capital, ofrece al menos pagar los intereses.

CÓMO PROTEGER TUS ACTIVOS

Debes saber que, como regla de oro, si tienes dinero, tarde o temprano te demandarán. Hay miles de abogados que se ganan la vida incordiando a la gente. Buscan a cualquiera que tenga dinero y sea susceptible de ser demandado por cualquier razón. Si alguien te demanda, incluso por algo ridículo, tendrás que defenderte. No puedes limitarte a decir: «Voy a ignorar el asunto». Imposible. Si te demandan, no te quedará otra que buscarte un abogado y pelear en un juzgado.

El mejor consejo que me han dado los expertos en cuanto a la protección de activos es que debes formar una sociedad familiar limitada o FLP, por sus siglas en inglés (Family Limited Partnership). Esta sociedad se utiliza como un escudo que rodea tus activos y los protege. De cierta forma, es como si tiraras todos tus bienes por la ventana para poder protegerlos desde el interior. Al transferir a la FLP tus activos, es decir, tu casa, tu coche, tus negocios y todo lo demás, los dueños seréis tú y todos los miembros de tu familia. También debes asegurarte de que el dinero de tu póliza de seguro de vida sea depositado en un fideicomiso independiente para que nadie pueda tocarlo. Redacta un testamento en el que quede muy claro cómo será asignado tu patrimonio y actualízalo cada año. En lo que se refiere a tu testamento, no dejes nada al azar.

Para proteger tus activos, asegúralos suficientemente. Incluye seguros en caso de incendio, robo, responsabilidad de terceros, inundación y, sobre todo, ten un seguro de gastos médicos. Asegura todo lo que no puedas reponer de inmediato con un cheque. Mucha gente llega a perder todo porque las coberturas de sus seguros son insuficientes.

Por último, contrata a un buen abogado para que redacte tus contratos, fideicomisos, testamentos y acuerdos de negocios. Hace algunos años me metí en un fuerte problema legal que condujo a una demanda que duró dos o tres años y me costó cientos de miles de dólares. Fui a ver a un abogado y le enseñé el contrato por el que me estaban demandando.

—Brian, ¿quién redactó este contrato?

—Yo mismo —le dije.

—La próxima vez, por favor, no seas tacaño. Invierte unos cientos o, incluso, miles de dólares para que lo haga un abogado. Los abogados saben todos los secretos, entienden las cláusulas de letra pequeña que te pueden hacer caer en una trampa y ponerte en una situación vulnerable frente a una demanda. No vuelvas a ponerte en peligro por ahorrarte unos dólares.

Y nunca volví a hacerlo. Dios mío, ¡qué diferencia! Tú también, págale a un abogado lo que sea necesario para protegerte.

10

La disciplina personal

En las etapas del plan fénix que hemos estudiado hasta ahora he aludido a la importancia de la disciplina personal, pero en este capítulo desarrollaré más este concepto.

Tu capacidad para formarte el hábito de la disciplina personal o autodisciplina contribuirá más a tu éxito que cualquier otro rasgo de tu carácter. Hace varios años conocí a una autoridad del desarrollo personal: Kop Kopmeyer. Este experto descubrió mil principios del éxito y, para cuando lo conocí, había publicado cuatro libros. Cada uno contenía doscientos cincuenta de esos principios. Le pregunté cuál consideraba que era el más importante y de inmediato me dijo que la disciplina, que definió como la capacidad de obligarte a hacer lo que debes cuando debes, te agrade o no la idea.

Después de entrevistar a quinientas de las personas más ricas de Estados Unidos, Napoleon Hill también llegó a la conclusión de que la disciplina era la clave para hacerse rico. Al Tomsik, el conocido formador en ventas, dijo en una ocasión: «El éxito depende de toneladas de disciplina». Jim Rohn dijo: «La disciplina pesa kilos, pero el arrepentimiento pesa toneladas».

El doctor Edward Banfield, de la Universidad de Harvard, llegó a la conclusión de que la perspectiva a largo plazo era la clave del ascenso social y económico. En más de cincuenta años de investigación, Banfield descubrió que la gente que tenía un gran éxito era capaz de retrasar la gratificación a corto plazo para poder gozar de recompensas aún mayores a largo plazo. Cuando toman decisiones para algo que está sucediendo ahora, más bien piensan en lo que podría suceder en diez o veinte años.

SACRIFICIO: LA PALABRA CLAVE

La palabra clave en este concepto es **sacrificio**. Por eso, ahorrar e invertir en el presente es esencial para tener éxito económico en el futuro. La disciplina personal implica ser capaz de controlarse a sí mismo, de dominarse, de comer el plato principal antes y el postre al final. Pero atención: esto no significa que no puedas tener experiencias agradables, sino que solo deberás tratar de vivirlas una vez que hayas realizado un trabajo arduo y necesario, y después de terminar todas tus tareas esenciales.

La recompensa por observar una disciplina personal llega de inmediato. Cada vez que te fuerces a hacer lo correcto, te apetezca o no, te gustarás y te respetarás más. Tu autoestima aumentará, la imagen que tengas de ti mejorará, y tu cerebro liberará endorfinas que te harán sentirte feliz y orgulloso.

De hecho, cada vez que te obligues a cumplir y hacer lo correcto, recibirás recompensas.

Lo mejor de todo es que la disciplina es un hábito que también puedes aprender gracias a la práctica y la repetición. Como ya he señalado, para desarrollar un hábito de complejidad mediana es necesario realizar la acción veintiún días seguidos. A veces es posible crear un hábito más rápido, pero otras cuesta más tiempo; todo depende de ti, de lo resuelto o resuelta que seas.

Hace algunos años un hombre de negocios llamado Herbert Gray empezó a investigar y a buscar lo que llamó «denominador común del éxito». Entrevistó a gente exitosa durante once años y, al final, llegó a la conclusión de que eran personas que desarrollaban el hábito de hacer cosas que la gente mediocre evitaba. Resulta que a la gente que triunfa tampoco le gusta hacer esas cosas, pero se obliga a llevarlas a cabo porque se da cuenta de que ese es el precio que debe pagar si quiere tener éxito.

En una ocasión Rich DeVos, cofundador de Amway, dijo: «Hay muchas cosas en la vida que no me gusta hacer, como buscar nuevos clientes, o vender, y pasar las noches y los fines de semana levantando un negocio, no obstante, las hago porque solo así podré hacer después las cosas de las que de verdad disfruto».

Cada vez que ejercitas tu disciplina personal, fortaleces todas tus otras cualidades positivas y, de la misma manera, si eres débil en la disciplina, la debilidad se extiende a todas las otras áreas de tu personalidad.

LAS NUEVE DISCIPLINAS

Hay nueve disciplinas que mejorarán todas las áreas de tu vida y que puedes desarrollar tú mismo.

La primera es la disciplina del **pensamiento claro**. Thomas Edison dijo que pensar era la disciplina más ardua de todas y que por eso muy poca gente la practicaba. También se ha dicho que hay tres tipos de personas: quienes piensan, que son la gran minoría; quienes creen pensar, y quienes preferirían morir antes de hacer el esfuerzo de pensar.

Tómate algún tiempo para reflexionar sobre los problemas cruciales y los dilemas de tu vida. Dedica periodos extensos a hacerlo: treinta, sesenta o incluso noventa minutos. Peter Drucker solía decir: «Las decisiones tomadas por gente que actúa rápido suelen estar equivocadas». Las decisiones que tomas de manera irreflexiva respecto a tu familia, tu carrera, el dinero y cualquier otro aspecto fundamental, también suelen ser malas decisiones. Siéntate en silencio media hora o una hora completa y piensa. Aristóteles dijo: «La sabiduría, es decir, la capacidad de tomar buenas decisiones, es una combinación de experiencia y reflexión». Cuanto más tiempo dediques a pensar sobre tus experiencias, más profundas serán las lecciones que obtengas de ellas.

Practica la soledad con regularidad. Permanece en silencio. Cada vez que practicas la soledad unos treinta minutos o más, activas tu supraconsciencia y desencadenas la intuición. Verás que la respuesta surge de la inmovilidad, como una vocecita en tu interior.

Para pensar mejor, toma una libreta y escribe todos los detalles sobre la dificultad a la que te enfrentas. A veces basta con escribir de manera minuciosa para encontrar la respuesta.

Otras actividades que te permiten pensar con más claridad son caminar y el ejercicio en general. Practícalos entre treinta y sesenta minutos. Cuando haces ejercicio, con frecuencia tienes ideas o reflexiones que te ayudan a pensar con más claridad y a tomar mejores decisiones. También puedes hablar de tu situación con alguien que te caiga bien y en quien confíes, pero, sobre todo, que no esté implicado emocionalmente con tu problema. Tener una perspectiva distinta puede cambiar por completo tu punto de vista.

Pregúntate siempre: ¿qué estoy dando por hecho? ¿Qué es lo que estás dando por sentado en esta situación? Alec Mackenzie, especialista en la gestión del tiempo, escribió en una ocasión: «Las suposiciones erradas son el origen de todos los fracasos».

¿Qué estás dando por supuesto? ¿Qué situaciones asumes como verdaderas? ¿Qué pasaría si estuvieras equivocado? ¿Y si estás actuando basándote en información falsa? Mantente siempre abierto a la posibilidad de estar equivocado. Abre la mente a la idea de hacer algo distinto por completo, a la posibilidad de no conocer todos los hechos como creías o, al menos, de que no todos los hechos sean como tú supones.

UNA META CADA DÍA

La segunda disciplina que te ayudará a triunfar consiste en establecer una meta cada día. Esta práctica ha transformado mi vida y la de miles de personas.

Ahora que sabes que el enfoque y la concentración son aspectos esenciales para el éxito, comienza por preguntarte: «¿Qué quiero hacer realmente con mi vida?». Pregúntatelo una y otra vez hasta tener una respuesta clara. Imagina que tienes veinte millones de dólares en efectivo, pero solo te quedan diez años de vida. ¿Qué cambiarías de inmediato? Imagina que nada te limita. Imagina que tienes una varita mágica y eso te da acceso a todo el tiempo, dinero, educación, experiencia y contactos que necesitas para lograr cualquier meta. ¿Qué harías?

Te daré un ejercicio: compra una libreta y escribe todos los días en ella. Escribe diez metas en la forma PPP: presente, positivo y personal. Empieza cada meta con la palabra «Yo» seguida de un verbo de acción. Podrías escribir, por ejemplo: «Yo gano X cantidad de dólares para tal fecha».

Todos los días, antes de iniciar la jornada, vuelve a escribir tus diez metas principales en tiempo presente, como si ya las hubieras logrado y solo le estuvieras informando a otra persona.

Reescribe las metas en una hoja de papel nueva, sin mirar la anterior, es decir, reescríbelas de memoria. Observa cómo se desarrollan y cambian con el paso del tiempo y a medida que las vuelves a plasmar. Mucha gente me dice que esta disciplina de establecerse metas todos los días le ha cambiado la vida más rápido de lo que imaginó.

En una ocasión di una charla en Galveston, Texas, y la persona que me presentó se puso de pie y dijo: «Tengo que contarles mi experiencia con Brian Tracy». Luego sacó un cuaderno y continuó: «Cuando lo conocí, me dijo que escribiera mis metas todos los días y yo empecé a hacerlo de inmediato. Eso cambió mi vida por completo», explicó agitando el cuaderno en el aire. «Logré todas las metas que escribí. Nunca había hecho algo tan poderoso». Hazlo, es una excelente disciplina.

GESTIÓN DIARIA DEL TIEMPO

La tercera disciplina consiste en realizar una gestión diaria del tiempo. Cada minuto que se invierte en planificar, ahorra diez minutos en la ejecución. Cuanto más planifiques, más aprovecharás tu tiempo y más lograrás. Imagina esto: si pasaras entre diez y doce minutos diarios por la mañana planificando tu día, porque eso es lo que te llevaría, ahorrarías ciento veinte que podrías usar para lograr tus metas, es decir, dos horas diarias. Esto representa un aumento del 25 % en la productividad, y todo por haber planificado el día con antelación.

Empieza por hacer una lista de todo lo que harás. El mejor momento para escribir la lista es la noche anterior, porque de esa manera tu inconsciente puede trabajar en ella mientras duermes. Organiza la lista por prioridades antes de empezar a trabajar, revísala y analiza todo lo que tienes que hacer, define qué es lo más y lo menos importante.

Practica la regla 80-20, la cual dice que el 80 % de tus resultados proviene del 20 % de tus actividades. ¿Cuáles son las actividades y las tareas más valiosas? Usa el método ABCDE para establecer prioridades; ya sabes que este método se basa en tener en cuenta las consecuencias de hacer o dejar de hacer una tarea en particular.

Recapitulemos: una tarea A es algo que debes hacer sin falta, porque no completarla podría tener consecuencias serias. Una tarea B es algo que deberías hacer, pero no completarla solo acarrea consecuencias leves. Una tarea C es algo agradable de hacer, pero, en realidad, no importa si lo llevas a cabo o no. Una tarea D es algo que delegas, y ya sabes que debes delegar la mayor cantidad posible de tareas. Por último, una tarea E es algo que eliminas, así que elimina todo lo que puedas para liberar todo el tiempo posible.

Una vez que hayas escrito ABCD o E al lado de tus tareas, organiza la lista por A-1, A-2, A-3, y luego B-1, B-2, B-3, etcétera. Por la mañana temprano, empieza con la tarea A-1 y, a partir de ese momento, desarrolla la disciplina de concentrarte de manera absoluta en ella hasta terminarla.

La disciplina de gestionar bien el tiempo se extiende a todas las otras formas de disciplina personal y tiene recompensas inmediatas porque te da mejores resultados, así como satisfacción a largo plazo en cuanto a la calidad de tu vida y tu trabajo.

VALOR

La cuarta es la disciplina del valor, que te obliga a hacer lo que debes, a enfrentarte a tus temores en lugar de evitarlos o eludirlos. Como ya hemos visto, el mayor obstáculo para el éxito es el miedo al fracaso, que se expresa en ese sentimiento que te hace decir: «No puedo, no puedo».

El valor es un hábito que se desarrolla practicándolo siempre que sea necesario. Emerson dijo: «Haz aquello que temes y tu miedo morirá sin duda». Desarrolla el hábito de confrontar tus miedos en lugar de eludirlos. Cada vez que encaras uno y te acercas a él, en especial si se trata de otra persona, grupo o situación, el miedo disminuye y tú te vuelves más valiente y osado. El actor Glenn Ford dijo en una ocasión: «Si no haces lo que temes, el miedo controlará tu vida». Repítete estas palabras:

«Puedo hacerlo, puedo hacerlo». Repítelas una y otra vez hasta reunir suficiente valentía y confianza en ti mismo. Esta frase anulará tus temores.

¿Cómo saber si estás desarrollando el hábito del valor o no? Todo empieza cuando identificas un temor en tu vida y te obligas a lidiar con él, a afrontarlo y a hacer lo que sea necesario, lo más pronto posible.

La recompensa de identificar un miedo y enfrentarte a él puede ser enorme. Te da la valentía y la confianza necesarias para hacer frente en la vida a otras situaciones que podrían causarte también miedo. Recuerda que cuanto más pongas en práctica el valor, más desarrollarás el hábito de no tener miedo.

HÁBITOS DE SALUD DE ALTO NIVEL

La quinta disciplina te sirve para desarrollar hábitos de salud de alto nivel. Tu objetivo debería ser vivir cien años con una salud impecable. Diseña e imagina tu cuerpo ideal. ¿Cómo sería si fuera perfecto en todos los sentidos? Este será tu objetivo.

La clave para la salud y la buena condición física se puede resumir en cinco palabras: come menos y ejercítate más. Desarrolla la disciplina de hacer ejercicio todos los días, incluso si solo puedes hacer una caminata corta. Lo mejor es hacer ejercicio por la mañana, en cuanto te levantes y antes de que te dé tiempo de pensarlo. Salta de la cama y actívate. Si lo haces durante veintiún días, se volverá parte de tu rutina diaria para el resto de tu vida.

Lo que yo hago es dejar la ropa de ejercicio junto a la cama, así, cuando me levanto, prácticamente caigo sobre ella. Me visto y empiezo a moverme antes de tener tiempo de pensarlo. Inténtalo.

Otra clave para desarrollar hábitos de salud de alto nivel consiste en eliminar tres venenos blancos: harina, azúcar y sal. Hace poco me reencontré con un hombre al que conozco desde hace muchos años. Había perdido quince kilos y la ropa le colgaba como si fuera una tienda de campaña mal montada.

—¡Dios! ¿Cómo ha logrado perder tanto peso? —le pregunté.

—Dejé de comer los tres venenos blancos de los que usted lleva años hablando.

Hace no mucho recibí una carta de un hombre de Florida que había alcanzado el éxito con su negocio. Estaba muy contento, salvo por un aspecto: estaba a punto de cumplir treinta años y tenía trece kilos de sobrepeso. Esto dañaba la imagen que tenía de sí mismo y lo hacía poco atractivo para las mujeres. En cierto momento escuchó uno de mis programas de audio en el que advierto sobre los tres venenos blancos. Me dijo que le había parecido una medida lógica, así que dejó de consumirlos, y en los seis meses siguientes perdió los trece kilos y nunca volvió a subir de peso. El concepto que tenía de sí mismo había cambiado por completo y su imagen había mejorado. De pronto se había sentido más atractivo para las otras personas. En la carta me decía que el solo hecho de eliminar los tres venenos había cambiado su vida para siempre.

Si eliminas los tres venenos podrás perder peso de forma espectacular. ¿Cómo hacerlo? Deja de comer cualquier producto que contenga harina: pan, pastelitos, pasta. Elimina todo lo que contenga azúcar: sodas, postres, pastelitos y bebidas gasificadas con sabor. Por último, elimina la sal. No le pongas sal a nada. Casi todo lo que comes ya contiene demasiada.

¿Se requiere disciplina? Por supuesto. ¿Cómo lograrlo? Come más ensaladas y otros alimentos ligeros. Si quieres, puedes darte un atracón de ensaladas, no subirás de peso porque las ensaladas son un 90 % agua y te llenan el estómago. Solo créate el hábito y empieza a comer más ensaladas y alimentos ligeros. En lugar de un pesado filete, come pescado: es más ligero, se digiere más rápido y aporta una cantidad tremenda de proteína y nutrientes.

Come antes de las seis de la tarde y sírvete solo medias raciones. Mi esposa y yo iniciamos un ritual que se llama «Ensaladas a las seis». En lugar de cenar más tarde, comemos una ensalada a las seis en punto. De todas formas, por la noche ya no necesitas tanto alimento. Es importante que comas por lo menos tres horas antes de acostarte. Si logras desarrollar el hábito de cenar solo una ensalada a las seis de la tarde, te asombrará lo ligero que te sentirás, lo mejor que dormirás, la cantidad de peso que perderás y todos los demás beneficios que conlleva esta práctica.

Otra manera de vivir hasta los cien años es realizar revisiones médicas y dentales con regularidad. Un día tuve una conversación breve con mi buen amigo Harvey Mackay.

—¿Te has hecho una revisión médica recientemente? —me preguntó.

—No, la última fue hace años, pero ahora estoy en excelente condición física.

—Brian —continuó—, acabo de volver de mi revisión anual, y me han encontrado algo que el médico ha podido tratar de inmediato. Si hubiera esperado cinco años, habrían tenido que empezar a organizar mi funeral.

Las revisiones médicas periódicas pueden alargarte la vida entre ocho y diez años, porque hoy en día los médicos son capaces de detectar enfermedades incluso años antes de que se manifiesten, y eliminarlas en poco tiempo. Desde que mi amigo me dio ese consejo, me he realizado revisiones médicas integrales anualmente, y creo que tú deberías hacer lo mismo.

¿Vas al dentista con regularidad para que te revise? Has de saber que existe una correlación entre la salud de los dientes y las encías, y la longevidad, así que cuida muy bien tu boca en general.

En todo lo referente a la salud, usa el método de Michael Jordan: «Tú hazlo» (me refiero al conocido lema: *Just Do It*). En lugar de procrastinar, ponte con el asunto. Recuerda que eres la persona más valiosa del mundo y debes cuidarte muy bien.

AHORRO E INVERSIÓN

La sexta disciplina es la del ahorro e inversión regulares, dos temas de los que ya he hablado. Decídete hoy mismo a deshacerte de deudas, mantenerte así y alcanzar la independencia financiera. Toma la decisión y deja de anhelar, esperar y rezar: hazlo y ya está. Tu objetivo, y el de todo el mundo, debería ser alcanzar la independencia financiera lo antes posible en la vida. Esto exige una continua disciplina económica que deberás ejercer con cada dólar que ganes. Insisto, la clave consiste en ahorrar el 10, el 15 o incluso el 20 % de tus ingresos a lo largo de toda tu vida. Si ya estás endeudado, empieza por ahorrar el 1 % de lo que ganes, y desarrolla la disciplina de vivir con el 99 % restante hasta que se vuelva un hábito. Desarrolla la disciplina de vivir con lo que sobre.

Para lograr esto, por cierto, debes empezar por ir al banco y abrir una nueva cuenta: la cuenta de tu libertad financiera. Todos los días, cuando llegues a casa, coge la calderilla que te sobre y guárdala en un frasco en tu armario o en la cocina. Digamos que ganas tres mil dólares al mes. El 1 % de esa cantidad es treinta dólares. Deposita todos los días un dólar en el frasco, y al final del mes guarda en la cuenta bancaria lo que hayas reunido. Cada vez que te sobre cambio deposítalo en la cuenta, cada vez que recibas un reembolso, un descuento o un cheque, guarda el dinero en la cuenta. Continúa guardando ahí todo el dinero adicional que te llegue y deja que crezca. Notarás algo asombroso: empezará a crecer mucho más rápido de lo que imaginas. Pero todo comienza con ir al banco a abrir una cuenta y guardar en ella algo.

Es fundamental que cambies la manera en que piensas. Deja de decirte: «Me encanta gastar» y empieza a decir: «Me encanta ahorrar». Cuando eras niño y te daban dinero, seguramente salías a la calle a comprar dulces. Aunque ahora eres adulto, sigues condicionado por ese comportamiento infantil y, por eso, cada vez que recibes dinero piensas en salir y comprarte los dulces del adulto: un viaje, ropa, un coche, una cena en un restaurante de lujo.

Si le preguntas a la gente: «¿Qué harías si tuvieras una montaña de dinero?», la mayoría contesta: «Iría a tal lugar y haría tal cosa. Gastaría en esto y aquello». La primera reacción es «Lo gastaría todo».

Cambia tu forma de pensar, pasa del «Me gusta gastar» al «Me encanta ahorrar. Me encanta guardar dinero en mi cuenta. Me encanta ver mi dinero multiplicarse y acumularse cada mes».

En poco tiempo cambiará tu mentalidad y empezarás a pensar como lo hace la gente exitosa y rica.

Retrasa las compras mayores, deja pasar treinta días o más. Como ya te he explicado, a veces, cuando posponemos una compra en la que estábamos muy interesados, acabamos perdiendo el interés.

Investiga antes de invertir. Dos tercios del éxito en las inversiones dependen de no cometer errores. Para empezar, deberás estudiar el proyecto de inversión exactamente la misma cantidad de tiempo que te llevó ganar el dinero que deseas invertir. Toda la gente exitosa que he conocido en mi vida hace esta tarea, estudia todos los aspectos y representaciones del proyecto antes de invertir un solo centavo. Lo prolongan, hacen que sus contables lo revisen y se aseguran de que toda la información sea correcta. Esto no garantiza que vayan a tener éxito, pero disminuye considerablemente la posibilidad de cometer errores.

Otra estrategia consiste en pagar en efectivo todo lo que puedas, es decir, deshazte de tus tarjetas de crédito. Cuando pagas en efectivo, la cantidad que gastas es mucho más visible y lo notas más. En la actualidad, mucha gente joven se endeuda porque reciben las tarjetas de crédito por correo y las ven como dinero gratuito, hasta que llegan las facturas a casa.

Un amigo mío se metió en serios problemas financieros debido a las tarjetas. El primer mes no tuvo que pagar intereses, pero el segundo llegó el estado de cuenta con un 31 % de intereses más los recargos por demora.

El otro día estaba escuchando a una experta financiera que explicó lo siguiente: «Si tienes una deuda de dos mil dólares en tu tarjeta de crédito y haces el pago mínimo, los intereses continuarán creciendo del 24 al 31 %, así que te llevará nueve años terminar de pagar la deuda». Nueve años.

La gente no tiene idea de lo peligrosas que pueden ser las deudas de las tarjetas de crédito.

Recuerda lo que dijo W. Clement Stone: «Si no puedes ahorrar dinero, da por hecho que en ti no hay semillas de grandeza». Si, por el contrario, eres capaz de ahorrar, lograrás hazañas increíbles en tu vida financiera.

TRABAJO ARDUO

La séptima disciplina es la del trabajo arduo. Tu objetivo es forjarte la reputación de una persona que trabaja mucho. Thomas Jefferson dijo: «Cuanto más trabajes, más suerte tendrás».

Se dice que en Estados Unidos la semana promedio de trabajo tiene cuarenta horas, pero en realidad tiene treinta y dos. ¿Por qué? Porque, en términos oficiales, la gente pasa ocho horas en la oficina, pero tiene una hora o más para comer y para los descansos del café. Asimismo, la persona promedio desperdicia el 50 % de la jornada hablando sobre trivialidades con sus compañeros de trabajo, disfrutando de pausas y almuerzos prolongados, atendiendo asuntos personales, leyendo el periódico y navegando en internet.

Te daré una regla para alcanzar el éxito: trabaja durante toda tu jornada laboral. Es decir, cuando vayas a la oficina a trabajar, trabaja. Piensa que es tu tiempo de trabajo, no es tiempo para jugar, no estás en la escuela, no es hora de socializar. Agacha la cabeza, fija la vista en tus documentos y ponte a trabajar, y trabaja todo el día. Si lo haces, duplicarás tu productividad, tu desempeño y tus resultados. Duplicarás tus ingresos y alcanzarás el éxito financiero.

Para ampliar tu jornada laboral, empieza una hora más temprano y ponte a trabajar de inmediato. Si haces esto evitarás la hora punta del tráfico y, como no habrá nadie que te interrumpa, tendrás una hora completa para iniciar el día, para asumir el control de tus proyectos cruciales, hacer tus llamadas telefónicas y planificar. Luego, a la hora de la comida, continúa trabajando y no te detengas: no desperdicies tiempo.

La mayoría de la gente piensa que el trabajo es una extensión de la escuela, un lugar donde conversas con tus amigos, paseas por ahí, sales al recreo, bebes un café y luego socializas. No, de ninguna manera: el tiempo en el trabajo es eso, tiempo de trabajo, y cuanto mejor lo desempeñes, más control tendrás sobre toda tu vida.

Trabaja también una hora más por la tarde. Sé el último en salir de la oficina. Cuando todos se vayan, usa el tiempo para terminar tus tareas y planificar el día siguiente. Hubo una época en que trabajé para un grupo empresarial enorme cuyo presidente también se esforzaba muchísimo. A las cinco de la tarde la gente desaparecía como si se hubiera oído una alerta de bomba. Yo seguía trabajando hasta las cinco y media o seis. Un día me fui hasta el final del pasillo y descubrí que él era el único que no paraba: el director ejecutivo de un grupo empresarial de ochocientos millones de dólares. Entré en la oficina y charlé un poco con él.

—¿Cómo va todo? —pregunté.

—Genial, gracias —contestó.

—¿Puedo ayudarle en algo?

—Pues sí. No me da tiempo de ocuparme de esta tarea. ¿Cree que podría hacerla por mí?

—Por supuesto —contesté, y me hice cargo de inmediato.

Al día siguiente volví a ir hasta el final del pasillo y el director seguía ahí. Me senté y volvimos a charlar. Todo el año siguiente, al final del día, lo visitaba y pasaba entre media y una hora con él. Todos los días me daba nuevas responsabilidades, y antes de siquiera darme cuenta ya estaba yo al mando de tres divisiones y me hacía cargo de sesenta y cinco empleados; además, me pagaban cinco veces más de lo que había empezado ganando el año anterior. Mi vida cambió por completo en cuanto empecé a ayudar al gran jefe. Verás, es muy importante que seas el último en irte: te darás cuenta de que los peces gordos siguen ahí, trabajando horas extras como tú.

Solo tienes que añadir tres horas de trabajo a tu jornada: empieza una hora más temprano, trabaja una hora durante la comida y, luego, trabaja una hora más al final de la jornada. Esto se traducirá en entre seis y ocho horas de trabajo adicional y te convertirá en la persona más productiva de la empresa. No dejes de preguntarte: ¿cuál es la manera más valiosa de utilizar mi tiempo en este momento? Y, sea cual sea la respuesta, trabaja en esa tarea todas las horas del día. Naturalmente, a medida que cambien tus prioridades, también cambiará la respuesta. Trabaja en lo que represente el uso más valioso de tus horas.

¿Qué es lo que más tiempo roba en una oficina? La convivencia con otras personas, porque la gente quiere hablar, no hacen gran cosa en su vida, así que aprovechan cualquier momento para charlar. Si alguien llega y te interrumpe, tendrás que decirle:

«Gracias por venir, pero tengo que continuar trabajando». Que te conozcan como la persona de la empresa que siempre tiene que seguir trabajando. Así, la gente dejará de molestarte y de robarte tiempo.

APRENDIZAJE CONTINUO

La octava disciplina es la del aprendizaje continuo. Recuerda que para ganar más tienes que aprender más. Jim Rohn dijo la famosa frase: «Trabaja en ti mismo tanto como trabajas para tu jefe». El desarrollo personal es fundamental, así que lee textos sobre tu sector entre treinta y sesenta minutos diarios. Esto se traducirá en un libro a la semana y en cincuenta libros al año. Escucha programas de audio mientras vas de un lugar a otro en coche, lo que añadirá entre quinientas y mil horas al año.

Asiste a seminarios y cursos de expertos en tu área. Una idea brillante que escuches en un curso podría ahorrarte años de trabajo intenso.

PERSISTENCIA = DISCIPLINA PERSONAL

La mayor prueba de la disciplina personal es la persistencia ante la adversidad: tú puedes forzarte a completar tus tareas, con independencia de cómo te sientas.

El valor tiene dos partes. La primera es el valor mismo para empezar un proyecto, para poner en marcha algo a pesar de no contar con garantía de que tendrás éxito. La segunda parte es el valor de soportar, de persistir cuando te sientas desanimado y cansado, y quieras darte por vencido. Tu persistencia representa lo mucho o poco que crees en ti y en tu capacidad de triunfar. Esto significa que cuanto más creas en las bondades y en la idoneidad de lo que haces, más persistirás. Cuanto más persistas, más creerás en ti mismo y en lo que haces.

Todos estos principios son reversibles, es decir, la persistencia es, en realidad, la disciplina personal en acción. Cuando persistes, a pesar de que te gustaría darte por vencido o renunciar a tu misión, haces gala de tu disciplina personal. La disciplina conduce a una buena autoestima, a una noción de poder personal que, a su vez, te permite insistir más y ser más disciplinado. Es un círculo virtuoso ascendente que se transforma en espiral.

Napoleon Hill decía: «En lo que al carácter de un hombre o una mujer se refiere, la persistencia equivale a lo que el carbón es para el acero». Cada vez que persistes a pesar de que sientes deseos de renunciar, te vuelves una persona más fuerte y sólida porque asumes el control de tu propio carácter. Y con el tiempo serás imparable.

LOS BENEFICIOS

Los beneficios de practicar la disciplina en todas las áreas de tu vida son numerosos. Te hablaré de algunos de ellos:

1. El hábito de la disciplina prácticamente te garantiza el éxito en la vida, tanto en el aspecto personal como en el social.

2. La disciplina, más que cualquier otra habilidad, te ayudará a ser más productivo y rápido, y a dar resultados de mayor calidad.

3. Te pagarán más y te ascenderán más rápido a donde quiera que vayas.

4. Sentirás más control, confianza en tu capacidad de trabajo y poder personal.

5. La disciplina es la clave de la autoestima, del respeto por uno mismo y del orgullo.

6. Cuanto más sólida sea tu disciplina, mayor será tu confianza en ti mismo y menor será tu temor al fracaso y el rechazo. Nada te detendrá.

7. Si desarrollas la autodisciplina, tendrás la fuerza de carácter necesaria para persistir hasta triunfar, a pesar de los obstáculos.

Empieza hoy mismo a practicar la disciplina en todas las áreas de tu vida. Persevera hasta que se convierta en una actitud tan natural como inhalar y exhalar. Cuando desarrolles la disciplina en su grado más elevado, quedará garantizado tu éxito en el futuro.

11

La respuesta a los retos

A veces da la impresión de que las dificultades son lo más presente en la vida. En cuanto una se resuelve, otra ocupa su lugar. Parece un proceso interminable y, viéndolo desde el punto de vista práctico, probablemente lo sea. No importa quién seas ni qué hagas: todos tenemos problemas, dificultades, percances inesperados y crisis que rompen el equilibrio y, a menudo, amenazan nuestra supervivencia. Por esta razón, tener la capacidad de resolver problemas es una de las habilidades más necesarias para triunfar.

Se ha calculado que todos los negocios atraviesan una crisis cada dos o tres meses, y si no se atienden rápido y con eficacia, podrían aniquilarlo. Con los seres humanos sucede algo similar: puede tratarse de una crisis personal, financiera, familiar o de salud, pero cada dos o tres meses nos sacude algo. Cuando la situación se pone delicada, solo prevalecen los fuertes. Solo cuando las cosas se ponen difíciles puedes demostrarte a ti mismo y a otros de qué madera estás hecho. El filósofo griego Epicteto dijo:

«Las circunstancias no hacen al hombre, solo ayudan a que este se revele ante sí mismo y ante los otros».

Entre 1934 y 1961 el historiador Arnold Toynbee escribió *Estudio de la historia*, una serie de doce volúmenes en los que examinó el ascenso y la caída de veintiséis civilizaciones en el curso de tres mil años. Buena parte de lo que descubrió en los ciclos de vida de esos imperios también es aplicable al ascenso y la caída de los negocios y las industrias, ya sean grandes o modestas. También es aplicable a los individuos.

Toynbee descubrió que todas las civilizaciones partían de una pequeña tribu o grupo de gente que de pronto tenía que enfrentarse a un desafío externo. Por lo general, se trataba del ataque de una tribu enemiga. Para afrontar esta amenaza externa, el líder tenía que reorganizar todo de inmediato y responder de manera eficaz para sobrevivir. Si tomaba las decisiones correctas y actuaba de manera adecuada, la tribu se ponía a la altura del reto, vencía al enemigo y, en ese proceso, crecía y se fortalecía. Al fortalecerse, la tribu se encontraba con otra tribu hostil más numerosa y desencadenaba una confrontación con ella, lo cual generaba otro desafío. Siempre que los líderes y la tribu continuaran estando a la altura para superar los inevitables percances, afrontándolos, la tribu sobreviviría y seguiría creciendo. Toynbee también descubrió que las civilizaciones continuaban creciendo siempre y cuando se enfrentaran a los desafíos del exterior, y que, cuando ya no eran capaces de hacerlo, daban paso a su propia decadencia. El historiador llamó a esto «teoría del desafío/respuesta de la civilización».

Estos principios también son aplicables a tu vida personal. Desde el momento en que te inicias en los negocios tendrás que afrontar dificultades, problemas, fracasos y retos de todo tipo. En cuanto resuelvas uno, surgirá otro que, a menudo, será mucho más complicado y considerable. Tu nivel personal de responsabilidad será lo que determine tu supervivencia, éxito, salud, felicidad y prosperidad. En pocas palabras, todo radicará en tu respuesta.

Toynbee también descubrió que los retos llegaban de forma inesperada. Nadie podía anticiparlos ni prepararse para ellos. La única variante de la ecuación que podían controlar era la respuesta que dieran a los contratiempos.

Insisto, la respuesta lo era todo.

Lo diré de otra forma: lo que importa no es lo que te sucede, sino la manera en que abordas el asunto. La única forma de conocer tu potencial absoluto y de llegar a ser todo aquello de lo que eres capaz es afrontar con eficacia los momentos difíciles. La única forma de lograr todas tus metas es responder bien a las inevitables crisis de la vida cotidiana.

La buena noticia es que, en este momento, dentro de ti existe todo lo que necesitas para enfrentarte a cualquier problema o crisis que se presente. No hay ningún contratiempo que no puedas resolver aplicando tu inteligencia y creatividad. Si eres suficientemente decidido y persistente, no habrá ningún obstáculo que no puedas superar o sortear.

MANTENTE EN CALMA

La primera regla para sobrevivir y prosperar en el momento de la verdad es mantenerse en calma. Cada vez que sufres un revés o contratiempo, lo primero que debes hacer es controlar tus pensamientos y tus sentimientos, y asegurarte de que tendrás tu mejor desempeño. Cuando las cosas salen mal, la tendencia natural es reaccionar de forma exagerada o tener una respuesta negativa. Puedes enfurecerte, exasperarte o sentir temor. Los pensamientos estresantes y las emociones negativas comenzarán a cerrar secciones importantes de tu cerebro, entre ellas la neocorteza. Esta es la parte pensante de tu cerebro que usas para analizar, evaluar y resolver problemas, y también para tomar decisiones.

Cuando los planes salen mal, si no asumes el control mental y emocional de manera consciente e inmediata, recurrirás sin pensarlo a la reacción de lucha o huida. Reaccionarás de forma emocional porque no tendrás la capacidad de pensar con sosiego y claridad.

El primer paso para mantenerse en calma en medio de una crisis es negarse a reaccionar de forma automática e irreflexiva. Imagina que todas las situaciones son pruebas para ver de qué madera estás hecho. Imagina que todos te observan y esperan a ver cómo responderás. Puedes mantenerte tranquilo, decidir ser un modelo para los demás y mostrar la manera correcta de afrontar una dificultad de grandes dimensiones. Como si quisieras dar una lección. Recuerda que tu respuesta a las crisis lo es todo. Es la prueba final.

La principal fuente de emociones negativas son las expectativas no satisfechas. Es decir, tú esperabas que sucediera algo de una manera particular, pero ocurrió algo distinto por completo. En ese momento se desencadenan las dos formas más importantes de emoción, nuestros dos viejos enemigos: el miedo al fracaso y el miedo al rechazo. Ambos pueden provocar ira, depresión e incluso parálisis.

Cuando tienes que afrontar una posible pérdida de dinero, clientes, posición, reputación, o la vida y el bienestar de otra persona, puedes sentir miedo a fracasar. El miedo al rechazo, que se relaciona de manera íntima con el miedo a la crítica y a la desaprobación, surge cuando algo sale mal y te sientes incapaz o incompetente, o cuando crees que la gente tendrá una mala opinión de ti y de tu actuación.

Lo que define en gran medida tus pensamientos, emociones y acciones es lo que llamo «estilo de explicación», es decir, la manera en que interpretas las situaciones y te las explicas a ti mismo. Has de saber que el 95 % de tus emociones, sean positivas o negativas, son provocadas por la manera en que interpretas lo que sucede a tu alrededor. Aunque tu mente puede ver pasar miles de pensamientos consecutivos, solo consigue mantener uno a la vez, y tú siempre tienes la libertad de elegir cuál será.

Te daré un ejemplo: en lugar de usar la palabra «problema» o «crisis», llámalo «situación». Un problema es algo negativo, y una situación es algo neutral. Puedes decir: «Estamos afrontando una situación interna», y eso os mantendrá calmados a ti y a los demás.

O incluso mejor, usa la palabra «reto»: «Este es un reto interesante que no nos esperábamos». Y un término todavía más positivo para describir un revés o una dificultad sería «oportunidad». «Esta es una oportunidad». Usar estas palabras permitirá que tu mente se muestre positiva y dispuesta a ser creativa, y también te ayudará a mantener el control absoluto.

Niégate a ser catastrófico y conserva la calma, muy pocas cosas resultan tan malas como parecen al principio. Interroga a las otras personas involucradas y escucha sus respuestas con paciencia. Hablar de un problema con tu cónyuge o un amigo o amiga en quien confíes podría ayudarte mucho a conservar la calma y el control.

Recuerda que todo problema al que te enfrentes contiene la semilla de un beneficio o ventaja de iguales proporciones o incluso mayor. Cuando te obligas a buscar el lado bueno de una situación y las enseñanzas favorables que podría conllevar, de inmediato te muestras tranquilo, positivo y optimista.

CONSERVA LA CONFIANZA EN TI MISMO

Otra clave para dominar las situaciones complicadas es conservar la confianza en ti mismo y tus habilidades. La reacción natural ante un revés inesperado es sentirse aturdido, conmocionado e iracundo, como si te acabaran de golpear en el plexo solar emocional. Aunque esto es normal, debes recordar que tienes la capacidad de ponerte a la altura de cualquier desafío.

Habla contigo mismo de manera positiva. Para reconstruir la confianza en ti mismo necesitas decir frases como: «Me gusto a mí mismo, puedo enfrentarme a todo», o «Puedo afrontar cualquier dificultad que se presente». Si quieres neutralizar los efectos negativos que desencadena el miedo al fracaso, piensa lo siguiente: «Puedo hacerlo, puedo hacer esto, puedo encargarme de esto». Sé amable al hablar contigo mismo. Repítete que puedes hacer cualquier cosa que te propongas, que no hay ningún problema que no puedas resolver.

LA FÓRMULA PARA COMBATIR LA PREOCUPACIÓN

Existe una manera maravillosa de afrontar cualquier crisis o dificultad. Se llama «fórmula para combatir la preocupación». Consiste en cuatro pasos y puedes usarla para cualquier situación.

1. Define el problema con claridad, preferentemente por escrito. La mayoría de las dificultades se pueden resolver si primero se describen con claridad. Recuerda que, en el ámbito de la medicina, dicen que un diagnóstico preciso equivale a la mitad de la cura.

   Cuando en mi empresa nos enfrentamos a un desafío, por lo general me siento con el equipo y pregunto: «De acuerdo, ¿cuál es la situación? Describidla con exactitud». Escribimos todo en un rotafolio o pizarra blanca. De inmediato algunas personas empiezan a decir: «No, no es exactamente así. Es más bien esto otro». Seguimos escribiendo hasta que la situación queda descrita con precisión y, una vez que tenemos esta descripción, en el 50 % de los casos aparece una solución obvia que ponemos en marcha de inmediato.

2. Pregúntate cuál sería el peor escenario posible en esta situación. ¿Qué es lo más terrible que podría suceder? Analiza todos los aspectos: podrías perder dinero, tiempo, clientes o tu negocio. Identifica lo peor que podría pasar, y hazlo con claridad y sinceridad.

3. Acepta que podría suceder lo peor. Di: «De acuerdo, si sucede esto, que es lo peor, de todas formas, no moriré». Una vez que hayas aceptado ese posible escenario, tu mente recobrará

la calma y la lucidez. Entonces podrás empezar a pensar en el futuro porque el estrés habrá desaparecido.

4. Empieza de inmediato a trabajar para mejorar incluso la peor situación. Comienza por asegurarte de que lo peor no suceda. ¿Qué podrías hacer en este momento para resolver el problema? Sea cual sea la respuesta, concéntrate en reducir las peores consecuencias posibles: de esta manera recuperarás el control mental de lo que está sucediendo. El único antídoto real para la preocupación es una acción con objetivos claros encaminada a cumplir tus metas.

La autoestima y la confianza en ti mismo provienen de un sentimiento de avance hacia tus objetivos. Ponte a trabajar con tanto ahínco en la solución de tus problemas que no te quede tiempo para preocuparte por lo que ha sucedido y, en especial, por lo que no puedes cambiar. Luego sigue avanzando.

CUALIDADES DE LOS LÍDERES

La cualidad más común entre los líderes a lo largo de la historia ha sido la **visión**. Los líderes tienen una visión nítida y apasionada de a dónde quieren llegar y qué quieren lograr.

La segunda cualidad más común entre los líderes es la valentía. Pero, antes que nada, hay que decir que todos tenemos temores de distintos tipos, grandes y diminutos, ocultos y visibles. Mark Twain dijo: «El valor es la resistencia al miedo, el dominio del miedo, no la ausencia de este».

El peor efecto del miedo al fracaso es la posible parálisis cuando la gente entra en un estado de conmoción. Emerson escribió:

«Si deseas triunfar, deberás decidirte a afrontar tus miedos. Si haces aquello que temes, tu miedo morirá sin duda». Cada vez que te enfrentas a tus miedos y haces lo que más te aterra, desarrollas tu valentía.

En los negocios y en la vida personal, el miedo más prevalente es el de la confrontación, por eso tienes que reunir valor para enfrentarte a la gente difícil que aparezca en tu vida y resolver las situaciones. Por suerte, el valor se puede reunir si actúas con valentía: en cuanto hagas algo que te atemoriza, de inmediato te sentirás más osado y valeroso.

La valentía es producto de un tipo de comportamiento. Emerson también dijo: «Haz lo necesario y tendrás el poder». Hubo una vez un anciano que le dijo a su nieto: «Actúa con arrojo, y una fuerza invisible vendrá en tu ayuda». Asimismo, la autora Dorothea Brande dijo en una ocasión que el consejo más importante que había recibido era: «Actúa como si fuera imposible fallar, y así será».

EL PRINCIPIO DE LA REALIDAD

El fallecido Jack Welch, presidente de General Electric entre 1981 y 2001, decía que el principio de liderazgo más importante era el principio de la realidad, es decir, enfrentarte al mundo como en realidad es, en lugar de como te gustaría que fuera. Siempre que te enfrentes a una situación difícil, empieza por preguntarte cuál es la realidad.

Harold Geneen, el ejecutivo que hizo de ITT un conglomerado internacional de 560.000 millones de dólares, dijo que el elemento más importante para resolver problemas era conocer los hechos. Primero debes tener los hechos, la realidad, no los que la gente alega, los que se dan por sentados, ni los que la gente espera o imagina. Si ha sucedido algo, en especial si se trata de algo que no se puede cambiar, pertenece a la categoría de los hechos.

Siempre que afrontes momentos difíciles en tu vida o negocio, pide una pausa y céntrate en obtener toda la información posible. Haz preguntas y escucha las respuestas con detenimiento. ¿Cuál es la situación con exactitud? ¿Qué sucedió? ¿Cómo sucedió? ¿Cuándo pasó? ¿Dónde? ¿Cuáles son los hechos? ¿Cómo nos cercioramos de que sean precisos? ¿Quién está involucrado? ¿Quién fue responsable por hacer o dejar de hacer algo? Nunca te preocupes ni te molestes por un hecho: es algo irreversible, no lo puedes modificar.

También resiste la tentación de enojarte o de culpar a otros por sus errores y faltas. Niégate a culpar a los demás. En cuanto dejes de culpar a otras personas y asumas la responsabilidad para el futuro, tus emociones negativas cesarán y tu mente se apaciguará. Verás todo con lucidez y empezarás a tomar buenas decisiones. Mejor céntrate en comprender la situación y en definir las acciones específicas.

Dos de las mejores preguntas que puedes hacer en cualquier crisis son: ¿qué estamos tratando de hacer? y ¿cómo tratamos de hacerlo? Piensa lo siguiente: ¿qué estamos dando por sentado en esta situación? ¿Y si llegamos a conclusiones equivocadas? Si estuviéramos equivocados en uno de los principales hechos que hemos dado por sentados, ¿qué pasaría? ¿Qué tendríamos que hacer de manera distinta? Nunca des por hecho que cuentas con toda la información ni que la información es correcta.

No confundas la correlación con la causalidad. La mayoría de la gente suele llegar a conclusiones con demasiada premura. En muchas ocasiones, cuando dos cosas suceden al mismo tiempo, la gente supone que un suceso causó el otro, sin embargo, lo más común es que no tengan nada que ver. Dar por hecho que hay un vínculo causal entre dos sucesos puede conducir a la confusión y hacer que la gente tome decisiones equivocadas. No permitas que esto te suceda a ti.

ASUME EL CONTROL DE TU MENTE

Cuando las cosas salen mal, tiendes a responder con negatividad, miedo e ira. Siempre que nos sentimos heridos o que la pérdida o la crítica nos amenazan, experimentamos la respuesta de lucha o huida para protegernos. Como el líder que eres, sin embargo, lo primero que debes hacer es controlar tu mente y tus emociones, y luego hacerte cargo de la situación. Siempre en este orden.

Los líderes miran el futuro, no el pasado. Se concentran en lo que se puede hacer ahora para resolver un problema o mejorar la situación. Se enfocan en lo que está en sus manos, y en sus próximas decisiones y acciones. Tú debes hacer lo mismo.

Cuando una empresa se mete en dificultades serias, el consejo directivo a menudo despide al presidente y trae a un especialista en decisiones radicales para que se haga cargo de toda la organización. Este especialista centraliza en su oficina la toma de decisiones. Se hace cargo de todos los gastos e incluso firma cheque por cheque para saber con exactitud cuánto dinero sale de la empresa y para quién es. Luego, actúa de manera resuelta y a menudo implacable, y toma cualquier decisión necesaria, por dura que sea, para salvar la empresa.

Si quieres ser tu propio especialista en decisiones radicales debes asumir el cien por cien de la responsabilidad y de todo lo que suceda a partir de ese momento. Los líderes asumen la responsabilidad y se hacen cargo de la situación, en tanto que quienes no saben ser líderes solo evitan las responsabilidades y les pasan los problemas a otros. Tú debes mantenerte positivo y centrado. Esto lo puedes hacer recordando la siguiente frase: «Yo soy el responsable, yo soy el responsable». O, como dijo Harry Truman: «Asumo la responsabilidad. Yo soy quien está al mando». Repite esto: «Si va a suceder, dependerá de mí».

LAS SEIS ETAPAS DEL DUELO

La psicóloga Elisabeth Kübler-Ross describió las etapas que atraviesa una persona que se enfrenta a la muerte, ya sea de un ser querido, ya sea de ella misma si recibe un diagnóstico terminal. Son cinco: negación, enfado, culpa, depresión y aceptación. En el caso de las crisis vitales, podemos añadir una sexta etapa: resurgimiento o una nueva toma del control.

Con frecuencia, tu primera reacción ante un contratiempo importante será negarlo. Te sentirás conmocionado y pensarás que eso no puede estar sucediendo. Primero te cerrarás ante la situación y desearás que no sea verdad.

La segunda etapa será la del enfado. Empezarás a desquitarte con quienes te parece que son responsables del problema.

La tercera etapa para afrontar la muerte o la decepción es la de la culpa. En los negocios, es muy común que comience una cacería de brujas para definir a quién se puede culpar y por qué. Este comportamiento satisface la necesidad profunda que tiene mucha gente de encontrar un chivo expiatorio siempre que algo sale mal.

La cuarta etapa es en la que te sientes deprimido. La realidad está clara: sucedió algo inevitable e irreparable, el daño está hecho y se perdió dinero. La depresión suele llegar acompañada de sentimientos de lástima por uno mismo; de pronto te crees la víctima. A menudo sientes que te decepcionaron, te engañaron o te traicionaron, y experimentas pena por ti mismo.

La quinta etapa es la de la aceptación. Aquí, por fin llegas al momento en que te das cuenta de que la crisis es real e irreversible, se rompió un plato o hay leche derramada. Aceptas la pérdida y empiezas a mirar hacia el futuro.

La etapa final para afrontar un revés crítico es la del resurgimiento. Es cuando asumes el control completo de ti mismo en la situación y empiezas a pensar en lo que podrías hacer para solucionar el problema y seguir avanzando.

Todos pasamos por esas cinco etapas, es natural. La pregunta es: ¿cómo de rápido las atraviesas? Una de las características de los individuos sanos en el aspecto mental es su resiliencia para responder a los inevitables altibajos de la vida. Charlie Jones, el famoso orador, dijo: «Lo que importa no es cuánto caes, sino lo alto que rebotas». Debes reconocer que todos cometemos errores, que siempre hay cosas que salen mal. Incluso las personas más competentes y avezadas hacen tonterías de vez en cuando, igual que tú.

Si alguien dejó caer la pelota, en lugar de enfadarte o tratar de repartir castigos, trata a la persona con gentileza y compasión. Intenta siempre asumir que la gente tenía buenas intenciones, y luego céntrate en resolver el problema y en actuar.

EL ABANDONO CREATIVO

De acuerdo con el Managers Institute, la cualidad esencial para el éxito en los negocios en el siglo XXI es la flexibilidad. La explosión de la tecnología y el conocimiento, combinada con el rápido crecimiento de factores como la competencia, los productos, los servicios, los procesos, los mercados y los clientes hacen que todo suceda a un ritmo vertiginoso.

Tal vez la herramienta más importante que puedes usar para mantenerte flexible y adaptable en estos tiempos turbulentos sea el «pensamiento en base cero». Esta mentalidad consiste en detenerte, dar un paso atrás y analizar tu negocio con objetividad, como si fueras un observador externo. Luego debes preguntarte lo siguiente: sabiendo lo que ahora sé, ¿hay algo que esté haciendo que no volvería a hacer si comenzara de nuevo? Ten la disciplina necesaria para preguntarte y responder con sinceridad y regularidad. Siempre que hagas este ejercicio, verás las cosas bajo una luz distinta. Sabiendo lo que ahora sabes, ¿hay algún producto o servicio que no volverías a ofrecer o llevar al mercado si tuvieras que empezar de nuevo? En caso de que la respuesta sea positiva, a continuación deberás preguntarte cómo podrías descontinuar el producto o servicio, y con qué rapidez.

Peter Drucker le llama a esto «proceso del abandono creativo». Se llama así porque debes estar preparado para abandonar cualquier producto o servicio que esté robándole tiempo y recursos a la venta y distribución de otros más populares y rentables. ¿Hay alguna actividad o proceso de negocio que, sabiendo lo que ahora sabes, no volverías a poner en marcha? ¿Algún gasto, método o procedimiento en tu forma de operar que no volverías a hacer o poner en práctica? ¿Alguna persona a quien, sabiendo lo que ahora sabes, no volverías a contratar? ¿Hay alguien a quien no volverías a ascender, o una persona a la que no le asignarías una responsabilidad específica sabiendo lo que ahora sabes?

En el aspecto personal, ¿hay alguna relación en la que, sabiendo lo que ahora sabes, no volverías a involucrarte si empezaras de nuevo?

Otra manera de recortar las pérdidas consiste en imaginar que llegas una mañana al trabajo y descubres que tu negocio se ha incendiado. Por suerte, el personal está vivo y a salvo, todos se encuentran en el parking contemplando el edificio consumirse en las llamas. Por casualidad, al otro lado de la calle hay un edificio de oficinas al que podrías mudarte de inmediato para comenzar de nuevo.

Si esto te sucediera, ¿qué productos y servicios empezarías a producir de inmediato para poner a la venta? ¿Con qué clientes contactarías en ese instante? ¿Qué actividades del negocio reiniciarías primero? Y lo más importante: ¿qué procesos, operaciones y gastos no volverías a hacer o poner en práctica si empezaras de cero?

Si para salvar tu negocio tuvieras que hacer recortes de personal, dejar de vender ciertos productos, eliminar algo o despedir a alguien, deberías hacerlo de inmediato, justo en el momento de la verdad. No lo postergues: recorta todos los gastos no esenciales y elimina las actividades superfluas. Regresa a lo esencial, céntrate en el 20 % de los productos, servicios y personas que dan mejores resultados.

CUATRO PASOS PARA AFRONTAR UNA CRISIS

En el ambiente turbulento, vertiginoso y competitivo en el que vivimos, tendrás que enfrentarte a una crisis cada dos o tres meses. Puede ser una crisis económica, familiar, personal o de salud, y será un momento crucial para tu negocio o tu vida. Será un periodo de prueba, así que, todo lo que hagas o dejes de hacer será fundamental y tendrá consecuencias positivas o negativas.

Siempre que surja una crisis, deberás hacer cuatro cosas de inmediato.

1. Detén la hemorragia. Controla los daños y limita las pérdidas de todas las maneras posibles. En los negocios deberás preservar la liquidez a toda costa.

2. Reúne información. Averigua los hechos, habla con las personas implicadas e investiga a qué te enfrentas con exactitud.

3. Ten la disciplina de pensar exclusivamente en soluciones: ¿qué puedes hacer de inmediato para minimizar el daño y resolver los problemas?

4. Oriéntate hacia la acción. Piensa cuál será tu siguiente paso. A menudo, tomar una decisión es mejor que no hacer nada.

ANTICIPACIÓN DE LAS CRISIS

La anticipación de crisis es una estrategia esencial para el éxito en la vida y los negocios. Esta práctica se lleva a cabo mirando hacia el futuro, a tres, seis, nueve y doce meses, y preguntándose qué podría interrumpir lo que estás haciendo. ¿Cuál sería el peor escenario posible? Niégate a jugar con tu mente, niégate a desear, esperar o fingir que algunas cosas nunca te sucederán a ti. Desarrolla una mentalidad que te permita preguntarte: «Si esto pasara, ¿qué haría?». Incluso si las probabilidades de que ocurra un desastre son demasiado bajas, el pensador de nivel superior tiene en cuenta las posibles consecuencias de cada contratiempo y hace lo necesario para estar preparado. Desarrolla planes de contingencia para las emergencias y crisis en potencia.

Si algo saliera muy mal, ¿qué pasos darías? ¿Qué harías primero? ¿Qué harías en segundo lugar? ¿Cómo reaccionarías? Asómate al camino y mira hacia el futuro. Imagina qué podría suceder y luego regresa al presente para planificar con suficiente antelación.

Para asegurarte de que la crisis no se repita, organiza una reunión informativa. ¿Qué sucedió? ¿Cómo sucedió? ¿Qué hemos aprendido? ¿Qué podríamos hacer para asegurarnos de que no ocurra de nuevo? De acuerdo con la Universidad de Stanford, la cualidad más importante de los directores ejecutivos de más alto nivel de las empresas de la lista *Fortune 1000* es su capacidad de afrontar una crisis.

La manera en que te enfrentes a las crisis revelará tu verdadero nivel de sabiduría y madurez. Asimismo, la capacidad para anticiparlas y aprender de ellas será esencial para afrontar lo que pueda suceder en el futuro.

Empieza por identificar los tres peores escenarios que podrían presentarse en tu negocio o tu vida económica el próximo año. ¿Qué podrías hacer hoy para minimizar los daños? Identifica lo peor que podría suceder en tu vida y tu familia, y haz lo necesario para tratar de evitarlo. Sabiendo lo que ahora sabes, ¿hay algo en lo que no volverías a involucrarte o a lo que no te comprometerías?

Imagina que pudieras empezar de nuevo tu vida personal o volver a poner en marcha tu negocio. ¿En qué te involucrarías? ¿En qué no participarías? ¿Qué iniciarías? ¿Qué dejarías atrás?

Asume la responsabilidad total del problema, ponte al mando, hazte cargo y pasa lo más pronto posible por las cinco etapas del duelo. Niégate a culpar a nadie, más allá de reconocer que es normal que la gente cometa errores. Céntrate en la solución en lugar de en quién hizo qué o en a quién se debería culpar.

Conviértete en tu propio especialista en soluciones radicales. Toma el problema que estés afrontando; imagina que alguien te ha contratado para analizarlo a fondo y hazle a tu cliente recomendaciones para solucionarlo. Mantén la calma y sé objetivo, como si fueras un asesor externo. Averigua todos los hechos relevantes con el fin de definir la naturaleza de la situación porque, como ya he dicho, a menudo uno no sabe bien qué es lo que ha ocurrido exactamente. Con frecuencia, lo que parece una crisis o un problema grave, en realidad no lo es tanto, pero no puedes saberlo si solo has escuchado la mitad de la historia. En cuanto te enteras del resto, normalmente te das cuenta de que no es tan terrible. Tómate el tiempo necesario para averiguar a fondo antes de actuar.

Identifica a la persona, situación o acción que te provoca temor. Decídete a confrontarla de inmediato y luego pasa página. Acostúmbrate a enfrentarte a aquello que te causa temor, y tu miedo morirá sin duda.

Cualquier decisión que tomarías si tu supervivencia dependiera de ello, tómala ahora y no tardes más. Tu capacidad de afrontar de manera eficaz las inevitables crisis de la vida cotidiana es lo que define tu carácter y personalidad.

El primer paso para afrontar los problemas a la hora de la verdad consiste en visualizarte como una persona tranquila, objetiva y en control. Si te imaginas como alguien capaz de dominar cualquier situación, cuando algo se presente estarás preparado para actuar de la mejor manera posible.

Recuerda que no hay ningún problema que no puedas resolver, ningún obstáculo insuperable ni meta que no puedas lograr si te centras en la situación. Nunca te des por vencido.

12

Simplifica tu vida

Hoy en día, todo el mundo tiene mucho que hacer y muy poco tiempo para hacerlo. Estoy seguro de que tus deberes, tareas y responsabilidades te abruman. Por esta razón, deberías imponerte el reto de simplificar tu vida para poder pasar más tiempo haciendo las cosas que más te interesan, y menos aquellas que sientes como una imposición. En este capítulo aprenderás varios métodos, técnicas y estrategias para reorganizar y volver a estructurar tu vida, simplificar tus actividades, ser más productivo, disfrutar de tu vida personal y pasar más tiempo con tu familia.

DEFINE TUS VALORES

El primer paso para simplificar tu vida consiste en definir con exactitud qué es lo que más te importa. ¿Cuáles son tus valores? ¿Cuáles son tus creencias fundamentales? ¿En qué crees más que nada? Recuerda que la pregunta más relevante que deberás hacerte a lo largo de toda tu vida es: ¿qué quiero hacer realmente con mi vida? La respuesta será, de forma irremediable, el reflejo de tu esencia, de la persona que eres en el fondo.

Para simplificar tu día a día, primero fíjate como meta principal gozar de tranquilidad mental, y luego organiza todo en torno a este concepto. Todo lo que te proporcione paz, satisfacción, alegría y la sensación de que vales y eres importante, será bueno para ti. En cambio, todo aquello que te estrese, te distraiga te irrite o te haga infeliz, te dañará. Debes tener el valor necesario para organizar tu vida de tal suerte que tengas más tiempo para hacer lo que te brinda el mayor placer y satisfacción, y dejar aquello que te haga infeliz y te amargue.

PIENSA QUÉ ES LO QUE ANHELAS

En todas las investigaciones que he leído sobre por qué la gente es infeliz, he visto un punto en común: una carencia de objetivos claros y dirección. La gente tiene muchos anhelos, esperanzas y deseos, pero no define metas ni se compromete y, por esta razón, solo da vueltas en la vida sintiéndose insatisfecha y vacía la mayor parte del tiempo.

Haz una lista de las diez metas que te gustaría lograr y luego pregúntate, si pudieras cumplir una de ellas en las próximas veinticuatro horas, ¿cuál tendría el mayor impacto en tu vida? La respuesta suele saltar de la página. En cuanto la veas, enciérrala en un círculo.

Ahora sí, estás listo para reorganizar tu vida y simplificar tus actividades. Tu objetivo primordial se convertirá en tu propósito definitivo y en tu foco de atención para el futuro próximo.

Haz otra lista de todo lo que se te ocurra que podrías hacer para lograr tu meta y comienza a trabajar de inmediato en la actividad más relevante y que cause mayor impacto.

Piensa en tu objetivo a lo largo de todo el día. Cuando te despiertes por la mañana y cuando te acuestes por la noche. Todos los días haz algo que te permita acercarte a la consecución de tu meta primordial. Este simple acto simplificará tu vida y optimizará tus actividades de una manera que no podrías imaginar.

EQUILIBRA TU VIDA

La clave para equilibrar tu vida consiste en asegurarte de que tus actividades externas coincidan con tus valores internos. Cada vez que repasas tus valores y ves que todo lo que haces es congruente con ellos, sientes felicidad, gozo, paz y alivio. En cambio, cuando en tu vida exterior realizas actividades que entran en conflicto con tus valores, surgen el estrés, la infelicidad, la negatividad y la insatisfacción.

Realiza el ejercicio 20-10: imagina que tienes 20 millones de dólares en efectivo, pero solo te quedan 10 años de vida. ¿Qué cambiarías de inmediato en tu vida?

Una de las claves para simplificar tus actividades consiste en imaginar que no tienes límites, que puedes ser, tener y hacer cualquier cosa que desees. Imagina que tienes todo el tiempo y dinero que necesitas, que cuentas con las habilidades que requieres. Imagina que tienes todos los amigos y contactos que te harían falta. Imagina que puedes cubrir cualquier necesidad que anheles. ¿Qué harías?

«ME EQUIVOQUÉ»

Como hemos visto en el capítulo anterior, el pensamiento en base cero te permite marcar una línea respecto a todas las decisiones que has tomado o compromisos que has adquirido. Teniendo eso en cuenta, pregúntate: «Sabiendo lo que ahora sé, ¿hay algo que esté haciendo que no volvería a hacer si comenzara de nuevo?».

Para simplificar tu vida debes estar dispuesto a reconocer que no eres perfecto. Prepárate para decir las palabras mágicas: «Me equivoqué». Cuanto antes lo reconozcas, antes podrás simplificar y mejorar tu vida. Debes estar dispuesto a decir: «Cometí un error»; recuerda que no tiene nada de malo, que todos aprendemos y crecemos gracias a las equivocaciones. Lo que es incorrecto es negarse a corregir un error porque tu ego está demasiado convencido de su infalibilidad. En una ocasión, el psicólogo Gerald Jampolsky planteó la pregunta: «¿Quiere usted tener la razón o ser feliz?». Es una decisión que deberás tomar desde ahora.

Por último, aprende a decir con frecuencia: «He cambiado de opinión». A mí me parece asombrosa la manera en que la gente se hunde en las profundidades del estrés, la cólera, la frustración y la insatisfacción solo porque no está dispuesta a reconocer que cambió de parecer.

Esta actitud no es para ti, tú debes dar un paso atrás y contemplar el panorama de tu vida. ¿Hay algo que no volverías a hacer si empezaras de nuevo? Si lo hay, ten el valor de reconocer que has cometido un error y deja de inquietarte: a todo el mundo le pasa. Luego haz lo que sea necesario para cambiar.

REORGANIZA TUS ACTIVIDADES

Solo hay cuatro maneras de cambiar la calidad de tu vida. Puedes hacer más de algo; puedes hacer menos de algo; puedes empezar a hacer algo que no haces ahora, y puedes dejar de hacer algo. Aplica una o más de estas medidas en todos los aspectos de tu existencia, y así podrás simplificarla.

Da un paso atrás y mira tu vida, en especial los aspectos que te causan estrés y frustración. ¿Cómo podrías reorganizar tus actividades para hacer cada vez más cosas de las que te aportan felicidad y cada vez menos de las que no?

Reorganiza todo para que puedas hacer más tareas similares al mismo tiempo. Empieza un poco más temprano por la mañana, trabaja con un poco más de ahínco, quédate hasta un poco más tarde y haz actividades similares de forma simultánea en lugar de dispersarte. Piensa continuamente en cómo podrías organizarte para que tu día a día sea más sencillo y mejor.

Reestructura también tu trabajo y no olvides aplicar la regla 80-20 a todo lo que hagas. Recuerda que el 80 % del valor de todo lo que lleves a cabo estará contenido en el 20 % de las acciones que realices. Esto significa que el 80 % de lo que ahora haces no tiene valor o, si lo tiene, es muy poco. El secreto para reestructurar tu trabajo y tu vida radica en que pases más tiempo haciendo ese 20 % de las cosas que más te aportan. Asimismo, pasa menos tiempo cada vez haciendo lo que no contribuye en nada a tu felicidad. A veces, aunque hagas bien estas actividades, deberás abandonarlas por completo, porque la peor manera de usar el tiempo es hacer a la perfección cosas que no necesitas en absoluto.

REDISEÑA TU VIDA PERSONAL

El proceso de rediseñar o reedificar se basa en el ejercicio de reducir los pasos de todo proceso. En las empresas animamos a la gente a hacer listas de todos los pasos de los procesos laborales, luego buscamos la manera de reducir la cantidad en por lo menos un 30 % la primera vez. Por lo general, es bastante sencillo.

Para rediseñar tu vida, reducir pasos y simplificar actividades, deberás tener en cuenta tres reglas:

1. Delega todo lo que puedas, deja que otra persona lo haga. Cuantas más actividades de bajo valor delegues, más tiempo tendrás para las cosas que solo tú puedes hacer y que realmente marcan la diferencia.
2. Todo lo que otros negocios especializados puedan hacer para tu empresa, delégalo. La mayoría de las empresas se ven abrumadas por actividades que alguien más podría hacer con más eficacia y, por lo general, a un coste menor.
3. Elimina todas las actividades de bajo o nulo valor. «Di "no"», como Nancy Reagan, a cualquier actividad que no te permita usar tu tiempo de la manera más valiosa posible.

REINVÉNTATE CON REGULARIDAD

Imagina que tu empresa, tu empleo y tu carrera desaparecieran de la noche a la mañana y tuvieras que empezar de cero. ¿Qué harías distinto?

Imagina que de pronto tuvieras que combinar tu educación y la experiencia adquirida para forjarte una nueva carrera o trabajar en otro sector. ¿Qué te encantaría hacer si tuvieras todas las habilidades y dinero necesarios? Pensando en esto, trata de reinventarte con regularidad, por lo menos cada año. Da unos pasos atrás, contempla tu vida personal y laboral, y piensa: «Sabiendo lo que ahora sé, si no trabajara en esta área, ¿me dedicaría de nuevo a esto?». Si la respuesta es no, pregúntate a continuación: «¿Cómo me salgo y cómo de rápido podría hacerlo?».

ESTABLECE PRIORIDADES

Una de las mejores maneras de simplificar la vida es reorganizando las prioridades. Date cuenta de que el 80 % de lo que haces tiene un valor muy bajo o nulo. Al establecer prioridades te puedes centrar cada vez más en las pocas actividades que realmente marcan una diferencia en tu vida, en lo que te hace feliz.

Cuando vayas a establecer las prioridades, la palabra que deberás utilizar es «consecuencias». Si algo es importante, las posibles consecuencias de hacerlo o dejar de hacerlo son elevadas y, al contrario, si algo no vale la pena, no habrá problema si dejas de centrarte en ello. Pregúntate a todas horas: «¿Qué es aquello que solo yo puedo hacer y que, si lo hago bien, marcará una verdadera diferencia?». Sea cual sea la respuesta, dedícate a eso por encima de todo.

Establece límites. La única manera de simplificar tu vida y asumir el control de tu tiempo es dejando de hacer ciertas cosas.

Reconócelo, ya estás demasiado ocupado, tienes un horario rebosante de actividades. Créeme que solo aprender a ser más eficiente no te ayudará gran cosa a simplificar tu vida. También tendrás que dejar de hacer la mayor cantidad posible de tareas inútiles.

Para empezar una nueva actividad debes abandonar alguna de las que realizas ahora; para implicarte en algo nuevo, debes dejar lo viejo atrás: ya trabajas demasiado y no puedes abarcar más de lo que ya haces. Practica el abandono creativo con las tareas y las actividades que ya no sean tan relevantes. Haz cada vez menos cosas, pero dedícate a tareas más valiosas.

PLANIFICA TU TIEMPO

Hay una antigua frase que me gustaría compartir contigo: «La planificación evita el bajo desempeño». Cada minuto que pases estructurando te ahorrará doce minutos en la ejecución. Esto significa que si planificaras cada paso, podrías ahorrar hasta el 90 % del tiempo que necesitas para llevar a cabo todas tus tareas de la jornada. Es como un milagro.

Planifica el año completo, en especial las vacaciones con tu familia y amigos. Haz las reservas, paga los billetes y señala esos días en tu calendario, como harías si se tratara de una cita con tu cliente más importante y poderoso.

Planifica cada mes con antelación: despliégalo ante a ti y define cómo pasarás el tiempo. Te asombrará descubrir cómo aumenta tu productividad y cuánto se simplifica tu día a día.

Planifica cada semana con suficiente antelación, preferentemente el fin de semana anterior. Siéntate y define cada día usando la regla del 70 %, la cual dice que no deberás comprometer más del 70 % de tu tiempo. Date un respiro para tener tiempo en caso de que se presente alguna urgencia o retraso.

Planifica cada día la noche anterior. Haz una lista de tareas pendientes y organízalas por prioridades. Toma la tarea A-1 y prepárate para trabajar en ella a primera hora de la mañana.

DELEGA TODO LO QUE TE SEA POSIBLE

Cuando empiezas tu carrera tienes que hacer todo tú mismo, pero si quieres crecer, evolucionar, llegar a ser muy eficiente y que te paguen muy bien, deberás delegar todo lo posible en alguien que pueda realizar las tareas. Usa la cifra de lo que cobras por hora para tomar esta decisión. ¿Cuánto ganas en una hora? Si te pagan 50.000 dólares al año, la tarifa por hora será de alrededor de 25 dólares. Delega todas las tareas que puedas a cualquier persona que pueda llevarlas a cabo por un coste menor. A veces incluso sentarse y no hacer nada, salvo pensar y usar tus poderes creativos, es mejor que realizar tareas mal pagadas que te cansan y consumen tu tiempo.

Cuando delegues tareas a otras personas, asegúrate de que puedan realizarlas. Recuerda que no estás renunciando a ellas, y que deberás supervisar el proceso para asegurarte de que se acaben a tiempo, dentro del plazo acordado y de acuerdo con el presupuesto establecido. Inspecciona los resultados que esperas.

Céntrate en las actividades de mayor valor. No dejes de organizar y reorganizar tu trabajo para pasar más tiempo dedicado a las actividades primordiales.

En la gestión de tu tiempo, la pregunta más importante, la que deberías hacerte sin cesar es: «¿Cuál es la manera más valiosa de usar mi tiempo en este momento?». Cualquiera que sea la respuesta, asegúrate de trabajar en ello a lo largo de todo el día.

CÉNTRATE

Para empezar, elige la tarea más importante de tu lista, la tarea A-1, y dedícate a ella en cuerpo y alma. Desarrolla la disciplina de concentrarte hasta terminarla. Los expertos en la gestión del tiempo han descubierto que si empiezas y abandonas una actividad varias veces, aumentas hasta en un 500 % la cantidad de tiempo necesaria para llevarla a cabo. ¡Esto significa que podrías terminar trabajando cinco veces más de lo necesario!

En cambio, si te centras en una actividad, puedes reducir el tiempo en un 80 %, lo cual te da un rendimiento de la inversión del 400 % en cuanto al tiempo y la energía necesarios. Lo mejor de todo es que todas esas horas que ahorres las tendrás disponibles para hacer otras actividades que te proporcionen más gozo y satisfacción.

REDUCE EL PAPELEO

Ahora te hablaré de un método para reducir tu papeleo y la gestión de la correspondencia en la empresa. Lo llamo método TRAC. La T se refiere a tirar y es aplicable a todo lo que pueda ir a la papelera, como los periódicos y revistas que de todas formas nadie leerá. Esto te ayudará a ahorrar tiempo y simplificará en gran medida la organización. La letra R se refiere a remitir. Son los documentos que deberás remitir a otras personas para que se encarguen de ellos sin que te quiten tiempo a ti. La tercera letra, A, se refiere a actuar y se aplica a todo aquello que exige que actúes de manera personal. Estos documentos deberás colocarlos en un archivo para trabajar en ellos. Organízalos por prioridad a lo largo del día.

La última letra, C, corresponde a clasificar. Son todos los documentos que deberán archivarse más tarde. Recuerda dos cosas: el 80 % de todo lo que archives no volverá a ver la luz del sol, solo ocupará espacio en tus estantes y armarios. En segundo lugar, cada vez que le pidas a alguien que clasifique algo, le crearás trabajo adicional y le complicarás la vida, así que no lo hagas a menos de que sea esencial.

APAGA LOS APARATOS ELECTRÓNICOS

Desarrolla el hábito de apagar la radio cuando viajes, en especial si lo haces con tu familia y amigos. Cuando regreses a casa por la noche, apaga la televisión. Apagar estos aparatos crea un vacío sonoro que se puede llenar con la conversación, la interacción y las verdaderas alegrías de tu familia y tu vida personal. Consigue un sistema TiVo para grabar sin anuncios los programas que te interesen, así podrás verlos cuando quieras o cuando más te convenga.

Al despertarte por la mañana, resiste la tentación de encender el televisor. Mejor pasa cinco minutos leyendo material educativo, inspirador o de desarrollo personal. Date un tiempo para planificar el día. Piensa en quién eres y en qué anhelas, en lugar de llenarte la cabeza con el ruido incesante de la televisión o la radio.

TUS RELACIONES DEBERÁN SER TU PRIORIDAD

La mayor parte del disfrute y la satisfacción que obtienes en la vida proviene de tus interacciones con otras personas. Haz que la gente de tu vida sea tu prioridad, y pon todo lo demás detrás.

Imagina que solo te quedan seis meses de vida. ¿Qué harías? ¿Cómo usarías tu tiempo? Sea cual sea la respuesta, estoy seguro de que no tendrá que ver con conseguir más dinero ni ir a la oficina a responder llamadas.

¿Cómo cambiarías tu vida si tuvieras todo el dinero que deseas o necesitas? Estoy seguro de que pensarías en todo lo que podrías hacer con tus seres queridos. No esperes hasta alcanzar la libertad financiera o que te queden seis meses de vida para empezar a pasar tiempo con la gente que más amas. ¡Hazlo ahora!

CUIDA TU SALUD

Otra manera de simplificar tu vida es comiendo menos y mejor. Haz ejercicio, adelgaza, sométete a revisiones médicas y dentales con regularidad, come alimentos nutritivos y cuida muy bien de ti mismo.

Imagina que de pronto te haces muy rico y te das el gusto de comprarte un caballo de carreras por un millón de dólares. ¿Cómo lo alimentarías? Te aseguro que no le darías comida rápida, bebidas carbonatadas ni fritos. Le darías los alimentos más equilibrados y de mejor calidad del mundo.

Ahora piensa que tú eres cien o mil veces más valioso que un caballo de un millón de dólares, así que aliméntate de la misma forma que lo alimentarías a él y cuida muy bien de tu salud.

PRACTICA LA SOLEDAD TODOS LOS DÍAS

Todos los días reserva entre media y una hora para sentarte en silencio contigo mismo. Escucha tu voz interior. La práctica de la soledad transformará tu vida, de pronto te llegarán ideas y reflexiones que modificarán tu forma de actuar. Cuando practicas la soledad con regularidad, desarrollas una sensación de calma, creatividad apacible y relajación, por lo que, cuando resurjas de esos periodos, te sentirás muy bien.

La soledad es uno de los más grandes gozos de los que puede disfrutar el ser humano y no cuesta nada. Solo necesitas desarrollar la disciplina de quedarte sentado en silencio entre media y una hora con cierta frecuencia. Inténtalo.

EL OBJETIVO DE LA VIDA

Si practicas estas ideas una y otra vez hasta que se vuelvan un comportamiento natural y automático, serás capaz de simplificar tu vida. Desarrolla el hábito de hacer menos cosas, centrándote en las tareas de mayor valor. Si logras simplificar tu vida, podrás disfrutar más de ella y sentirás más satisfacción.

Tu objetivo debe ser tener una vida larga, feliz, plena y satisfactoria, descubrir tu potencial y llegar a ser todo eso que encierras dentro de ti. Aristóteles, quizá el filósofo más lúcido de todos los tiempos, dijo que el objetivo último de la vida era la felicidad. Es el propósito esencial de toda la actividad humana. Entonces, ¿qué debemos hacer para vivir felices?

Para alcanzar el equilibrio, primero debes establecer que la felicidad sea el objetivo prioritario en tu vida. Luego deberás organizar todo lo que haces para alcanzarlo. Si logras todo lo que deseas, pero aun así no eres feliz, es porque no has aprovechado todo tu potencial al máximo.

Recuerda que el 85 % de tu felicidad es producto de tus relaciones con otras personas, en casa, en tu trabajo y en todas las áreas de tu vida. Para ser feliz, necesitas alcanzar un equilibrio entre lo profesional y lo personal.

CUATRO ÁREAS PRINCIPALES

En tu vida hay cuatro áreas que necesitan encontrar un equilibrio entre sí.

1. **Salud, energía y condición física.** Necesitas darte el tiempo necesario para tu salud y tu cuerpo, comer los alimentos adecuados, hacer ejercicio y descansar lo suficiente.
2. **Familia y relaciones.** Debes pasar suficiente tiempo con tus

seres queridos y hacer las cosas que te proporcionen más gozo y satisfacción.

3. **Trabajo y carrera.** También necesitas dedicarte a un trabajo del que disfrutes. Esto te dará una sensación de plenitud personal. Tu trabajo también deberá estar bien pagado y ser algo que hagas con un altísimo nivel de calidad.

4. **Independencia financiera.** Controla tus finanzas, ahorra e invierte con regularidad, y siente que te vas acercando paso a paso a la libertad.

Asimismo, necesitarás estar siempre aprendiendo y creciendo, aportar a tu comunidad y desarrollarte en el aspecto espiritual. Si descuidas alguna de estas áreas, tu vida se descompensará de inmediato. El estrés se presenta cuando lo que haces en el exterior es incongruente con lo que de verdad te importa, con tu vida interior.

Una de las preguntas más importantes que puedes hacerte sobre todos los aspectos de tu existencia, en especial cuando debas tomar decisiones, es: «¿Qué es lo que de verdad importa?». Recuerda la regla 80-20: el 80 % de tu felicidad y satisfacción proviene del 20 % de las actividades que realizas.

Tampoco olvides que la habilidad más valiosa que posees es la de la reflexión y el pensamiento. Cuanta más claridad tenga tu pensamiento, mejores serán tus decisiones, y cuanto mejores sean tus decisiones, mejores resultados obtendrás en todos los aspectos.

¿Qué es lo que funciona en tu vida? ¿Qué aspectos te brindan más placer y satisfacción? ¿Qué personas y actividades te hacen más feliz? ¿Qué no funciona? ¿Qué te causa estrés, frustración o infelicidad? Cuanta más claridad tengas en las respuestas a las dos preguntas esenciales, ¿Qué sí funciona? y ¿Qué no funciona?, más rápido alcanzarás el equilibrio en tu vida. Los seres humanos somos criaturas de hábitos, solemos sentirnos cómodos con una rutina o en una zona de confort en la que realizamos ciertas actividades de forma recurrente a pesar de que no nos hagan felices ni nos funcionen.

De hecho, una de las mayores fuentes de estrés en la vida adulta es la negación. Esta se presenta cuando no queremos encarar la verdad de un aspecto trascendente en nuestra vida. Tal vez nuestro empleo no nos satisface, quizá estamos implicados en una relación que ya no nos conviene. O quizá hemos tomado una mala decisión, un rumbo equivocado en la vida. Todo acto de negación te desequilibra, aumenta el estrés y te hace vulnerable a enfermedades psicosomáticas como resfriados o gripes. Practica el principio de la realidad, es decir, insiste en ver el mundo como es en lugar de como te gustaría que fuera.

Tampoco te desesperes por algo que no puedas cambiar. Recuerda que no puedes cambiar a la gente ni los hechos irreversibles. Lo contrario de la negación es la aceptación, y hasta que no aceptes que las personas y las situaciones son como son y no puedes intervenir, el estrés que te provoca negarlo no desaparecerá.

Los seres humanos son organismos capaces de elegir, es decir, podemos tomar decisiones. A lo largo de todo el día decides entre lo más y lo menos importante, y tus decisiones definen la estructura y la calidad de tu vida. La única manera en que puedes recuperar el equilibrio es tomando decisiones distintas.

La ley de la alternativa excluida dice que hacer una cosa implica no hacer otra, que cada actividad que realizas te obliga a rechazar todas las demás que podrías estar haciendo en ese momento. Por todo esto, antes de comprometer tu tiempo en algo, debes pensar en lo que dejarás de hacer si aceptas esa tarea o actividad.

EL PODER DE PASAR TIEMPO CON LA FAMILIA

Cuando estés con tu familia, hazlo en cuerpo y alma. Apaga los aparatos electrónicos, resiste la tentación de llegar a casa y encender de inmediato el televisor porque, en cuanto lo hagas, cortarás la comunicación y tu familia se concentrará en una pantalla. No permitas que os suceda a ti y tu familia.

Cuando estés con tu familia date tiempo para brindarle el cariño y apoyo que necesita. Ya hemos visto que los hombres y las mujeres son diferentes en muchos aspectos; los primeros necesitan reconocimiento por su labor, que valoren su esfuerzo, una oportunidad de explicar lo que han hecho durante el día y tiempo para relajarse. Las segundas necesitan atención, respeto, afecto y escucha activa. Necesitan hablar y sentir que la persona más importante en su vida las escucha con respeto.

Los niños requieren una mirada positiva incondicional, es decir, requieren aceptación, respeto, atención y, en especial, que sus padres les dediquen tiempo sin reservas. ¿Sabes cómo deletrean los pequeños la palabra amor? Así: T-I-E-M-P-O.

La ley del tiempo en el equilibrio pleno entre la vida personal y la profesional nos dice que lo que cuenta es la calidad del tiempo, ya sea en la oficina o en casa. En el trabajo deberás centrarte en las tareas de mayor valor, en tus prioridades.

Esto te permitirá tener bastante tiempo para ser productivo y recuperar el control de tus actividades. En casa deberás tratar de tener periodos largos, horas prolongadas de calidad para sentarte, hablar, caminar y pasar tiempo con tu familia.

Dicen que la vida la vivimos en años, pero en realidad la experimentamos en momentos. Uno nunca sabe cuándo vivirá algo maravilloso con un miembro de su familia, por eso debemos permitir que nuestras horas con ellos sean amplias, generosas, propicias. Organiza tu vida personal para que puedas pasar mucho tiempo con tus seres queridos. Cada semana, tómate por lo menos un día entero para no trabajar y pasa tiempo con ellos o con quien más te importe.

Si estás casado, cada tres semanas tómate un fin de semana de viernes a domingo para escaparte y pasar tiempo con tu pareja. Cada año toma vacaciones de una o dos semanas en las que dejes totalmente de lado el trabajo. Esto te ayudará a recuperar el equilibrio con más rapidez que cualquier otra cosa.

DESCANSA LO SUFICIENTE

Para recuperar el equilibrio necesitas descansar mucho, dormir por lo menos siete u ocho horas diarias. Si no duermes lo suficiente, desarrollas un déficit de sueño que hace que durante el día te sientas abrumado e incapaz de pensar con claridad. Como no descansas lo suficiente, te cuesta trabajo concentrarte en las actividades de alto valor que te permitirían tener éxito. El cansancio te obliga a centrarte en tareas menores e irrelevantes que no aportan nada a tu vida profesional.

El simple hecho de acostarte una hora más temprano todas las noches te permitirá tener más tiempo de sueño y transformará tu vida por completo. Es decir, recuperarás la estabilidad.

Haz ejercicio entre doscientos y trescientos minutos por semana, incluso si solo sales a caminar un rato todos los días. Esto aumentará tu energía, mejorará tu condición física, apaciguará tu mente, te ayudará a dormir mejor y a recuperar la plenitud. O, mejor aún, sal a pasear con tu pareja o con uno de tus hijos, así todos se beneficiarán al realizar la misma actividad.

Cuando alcanzas el equilibrio en tu vida te sientes genial, eres mucho más productivo en la oficina y en casa, vives con más gozo y satisfacción y el éxito se extiende a todos los aspectos de tu vida.

A veces la gente me pregunta cuál es el secreto para tener una vida plena, y yo les respondo con otra pregunta: «¿Cuántas veces se balancea un funámbulo en la cuerda floja?». Todo el tiempo. Pues en la vida es igual. No es fácil encontrar el equilibrio y la plenitud, es algo en lo que se debe trabajar todos los días.

La buena noticia es que todo lo que haces con regularidad se transforma en un hábito, así que puedes desarrollar el hábito de vivir feliz, tener un desempeño excepcional y encontrar el equilibrio. Basta con que practiques estas ideas hasta que formen parte de tu cotidianidad.

13

Transformación total

El viaje de la transformación ha sido largo, tal vez comenzaste siendo una persona sin dirección e insatisfecha, alguien que se sentía víctima y solía culpar a los demás de sus dificultades.

Lo primero que aprendiste fue que hacerse la víctima no tiene sentido ni es adecuado. Tu propia mente te da acceso a la fuerza más poderosa del universo. También aprendiste que el primer paso para dominar ese poder consiste en centrar la atención en lo que anhelas en lugar de en lo que no te interesa. Esta simple actitud te da ventaja sobre la mayoría de la gente.

Luego aprendiste a motivarte para alcanzar tu máximo desempeño gracias a herramientas como el optimismo y las infinitas posibilidades que te ofrece el mundo. ¿Qué pasaría si pudieras ganar diez veces más de lo que ahora te pagan? Gracias al poder de la mente, el simple hecho de centrarte en esta idea, aunque al principio no estés convencido, puede ayudarte a hacerla realidad.

La motivación personal tiene mucho que ver con el éxito, pero no basta. Como hemos visto, los humanos somos seres sociales, así que solo alcanzarás tus metas si aprendes a trabajar con otros y a obtener de ellos lo que necesitas..., ayudándolos de paso a obtener lo que ellos quieren.

También hablamos de la importancia de establecer metas, lo que quizá sea el factor más importante para darle enfoque a tu vida. Escribir tus objetivos y hacer listas sobre cómo los lograrás es esencial para alcanzar el éxito. Asimismo, exploramos las formas más eficaces de acercarnos a nuestras metas: mediante una gestión óptima del tiempo.

Luego aprendiste los principios de la creación de la riqueza. Aunque es importante trabajar en lo que amas, tu objetivo final es alcanzar tu independencia financiera para seguir teniendo un flujo suficiente de dinero, trabajes o no.

Por supuesto, hay muchos caminos para generar riqueza, pero, desde la perspectiva estadística, el más importante es el empresarial, o sea, iniciar tu propio negocio. La mayoría de la gente más rica del mundo ha amasado su fortuna gracias a una empresa, ofertando un producto o servicio único en su clase o superior a todos los demás. Por eso analizamos varios de los principios de la actividad empresarial.

Luego examinamos el hecho de que los problemas son inevitables en la vida. No importa lo sano, adinerado o exitoso seas, tendrás que afrontar dificultades o imprevistos con frecuencia. Por eso, para poder llevar una vida plena, necesitas entender cómo afrontarlos y resolverlos.

Por último, vimos que la meta más importante en la vida es la felicidad que, para la gran mayoría, tiene que ver de manera directa con las relaciones personales. Analizamos técnicas para simplificar tu día a día y para tener más tiempo y energía para lo que de verdad importa, es decir, para tus seres queridos. Si lees, asimilas y aplicas estos principios, podrás dejar atrás una vida insatisfactoria y empezar a tener una existencia desbordante de alegría y amor. En pocas palabras, puedes transformarte, dejar de ser un ave ordinaria y convertirte en un espléndido fénix.

Permíteme concluir este libro insistiendo en que vivimos en la mejor era de la historia de la humanidad: la gente tiene ahora la posibilidad de vivir más tiempo y mejor que nunca. Fíjate el objetivo de aprovechar esta era dorada para transformarte en todo lo que tu potencial te permitirá, para disfrutar de todo aquello con lo que siempre has soñado, y para tener una vida larga y plena como el fénix. Deseo que así sea. Buena suerte.

«Para viajar lejos no hay mejor nave que un libro».

EMILY DICKINSON

Gracias por tu lectura de este libro.

En **penguinlibros.club** encontrarás las mejores
recomendaciones de lectura.

Únete a nuestra comunidad y viaja con nosotros.

penguinlibros.club